へえ〜
そうなのか!

新撰組のことがマンガで3時間でわかる本

津田太愚 著

つだゆみ マンガ

新撰組の誕生から最後まで

リーダー近藤勇はこんな人

近藤、土方以外にもこんなにいた英雄たち

沖田はそれほどの美男ではなかった!?

今話題の新撰組 こんな話あんな話。

おもしろエピソードが満載!

まえがき

誤解を少しでもハラしたい

「新撰組」といえば、古くさい、保守的、殺人集団などというマイナスイメージがある。反対に、プラスイメージは、かっこいい、剣の達人の集団、勤王方に対する幕府などだろう。いずれも、歴史マニアや新撰組ファンの一方的な意見が多い。

もちろん、私とて、そのレベルを超えない。しかし、このたび執筆にあたり、新撰組の「意味」を問い直してみた。前半（鳥羽伏見の戦い以前）は、治安維持（いまでいう警察）だから、歴史的な役割は、池田家事件以外はほとんど見当たらない。後半（鳥羽伏見の戦い以降）は、新撰組が「軍隊の一部」になり、本人たちの意志と関係なく、歴史の渦に飲み込まれてしまった。そのいい例が、もともと、新撰組は「尊王」だったのに、後半には、あたかも「反=天皇」のようなレッテルを貼られてしまったのだ。

新撰組を見る上では、歴史的意味よりは、むしろ、歴史に翻弄された群像、人間的魅力、さらに、新しい経済感覚、目的に対して合理性を持つ組織、そんな意義のほうが大きい。

明治時代以後にその精神を活かした人々もいるほどだ。新撰組から実業界や官僚に転身した人もいる。しかし、多くの隊士たちが新撰組のイメージ（プラスであっても、マイナスであっても）の中に埋没しまっている。本書を通して、それらのイメージに埋没している素顔の新撰組の隊士を掘り起こしたい。

謝辞

この本の製作にあたりお世話になった方。明日香出版社の石野社長、ありがとうございます。おなじく明日香出版の早川さん、末吉さん、古川さん、ありがとうございます。天才工場の吉田浩さん、デザイナーの小山さん、若林さん、イラストのつだゆみ、ありがとうございます。読んでくれたみなさん、ありがとうございます。

第七章　もっとスターを紹介しよう　——忘れてはいけないキラ星の人たち

第八章　現代人が学ぶ「新撰組の新しさ」　——現代人が参考にしたいことがいっぱい

第十章・新撰組、最後の戦い――土方歳三がもっとも輝いた時期だった

編集　㈲天才工場
装丁　若林繁裕
イラスト　つだゆみ
DTP　小山弘子

第一章 新撰組はこうして生まれた

――試衛館から浪士隊。新撰組が生まれるまで

まず、新撰組登場の時代背景を見る

幕末から維新へ——時代を4つに分ける 1

●新撰組は中盤で登場する

新撰組がいつ、登場したか？　そのころ、日本がどういう状況にあったか。それを、超、ウルトラ、簡単に説明しよう。まず、幕末から「維新」へと続く時代を4つの部分に分ける。

(1)ペリー来航（嘉永6年・1854）から、桜田門外の変（万延元年・1860）まで

京都では、攘夷のテロリズムが吹き荒れる。諸藩の志士が粛正される「安政の大獄」が起きる。そして、「安政の大獄」の幕府側の主役、井伊直弼も暗殺される。

(2)和宮降嫁（文久元年・1861）から、八月十八日の政変（文久2年・1862）あたりまで

幕府の力がおとろえて、公武合体が実現する。朝廷でも「政変」以降、公武合体派が大勢をしめる。

(3)蛤御門の変（禁門の変）・第1次長州征伐（元治元年・1864）から、王政復古（慶応3年・1867）まで

第1次長州征伐あたりまでは幕府側が優勢。しかし、竜馬が「薩長連合」を成立させて、大逆転する。

(4)鳥羽伏見の戦い（慶応4・明治元年・1868）から、箱館戦争の終わり（明治2年・1869）まで

●新撰組はロング・リリーフ

新撰組はどの時代で登場しているのだろう。(2)の初めのころ、京都の治安の維持と、将軍が上洛したときの護衛などを目的に結成された。さらに、朝廷で「公武合体派」が一時、勢力を増すことになる。そのキッカケとなった事件が「八月十八日の政変」だが、その事件が新撰組のデビューである。そして(4)まで、活躍している。

野球でいえば、4回にリリーフに出て、延長戦まで投げていた投手のようなものだ。

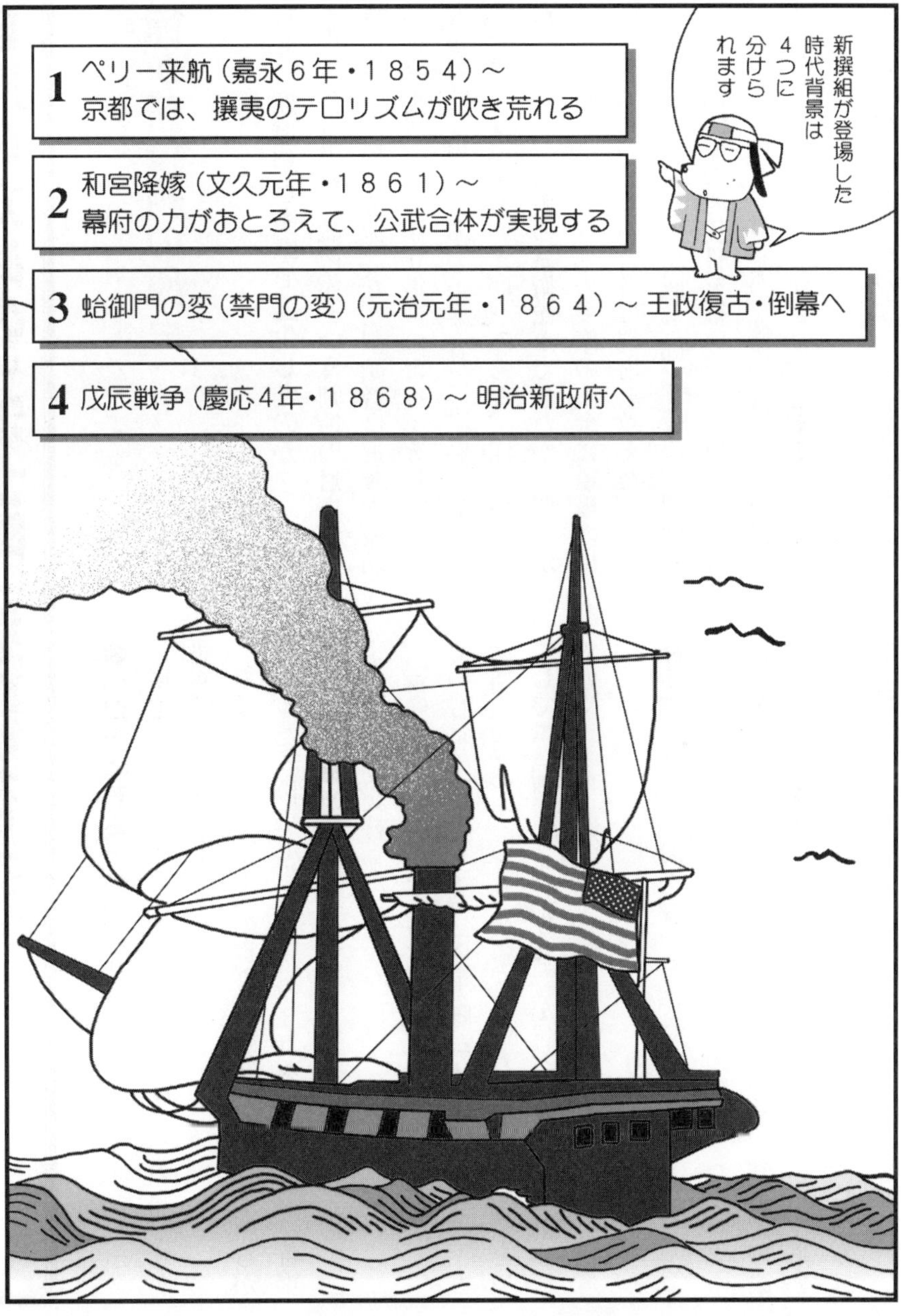
新撰組が登場した時代背景は4つに分けられます
1 ペリー来航（嘉永6年・1854）～
京都では、攘夷のテロリズムが吹き荒れる
2 和宮降嫁（文久元年・1861）～
幕府の力がおとろえて、公武合体が実現する
3 蛤御門の変（禁門の変）（元治元年・1864）～王政復古・倒幕へ
4 戊辰戦争（慶応4年・1868）～明治新政府へ

幕府のための「浪士隊」を募集する

2 試衛館が新撰組の原点

●どうして、新撰組が多摩で誕生したのか？

江戸・市ヶ谷柳町に、試衛館という剣術の道場があった。流派は「天然理心流」だ。創始者は近藤内蔵助《くらのすけ》長裕《ながひろ》で、寛政年間（１７９０年）のころ。そして、三代目の近藤周助（周斎）が、市ヶ谷に試衛館を開く。当時のメジャーな道場といえば、みんな、江戸の中央にあった。そこに、新興の試衛館ができたが、門弟が集まらない。周助は東京近郊の多摩の田舎に道場の出張所を作り、現地の農家の若者に剣術を教えた。そこに入門したのが近藤勇（宮川勝五郎）。後に、周助の養子となり、試衛館の四代目を継いだ。土方歳三、沖田総司、原田左之助、永倉新八、藤堂平助、山南敬助、井上源三郎など初期メンバーはこの試衛館で出会っている。

新撰組はここから始まったのだ。

●「浪士隊募集」の知らせが届く

市ヶ谷の小さな道場・試衛館に、ひとつの知らせが届く。内容は「浪士隊募集」だ。

さて、牛込二合半坂の松平上総介《かずさのすけ》の家に、近藤らが集まった。松平上総介は次の3点を説明する。「将軍家茂が上洛すること（将軍も尊王である）」「攘夷」「京都の治安維持」だ。

このとき、将軍は「尊王の態度」をしめしていた。その将軍の警護をする「浪士隊（新撰組の前身）」も「尊王」である。それが、のちのち（油小路の変を境にして）、「勤王」か「佐幕」か、という色わけをされていく。

●清河八郎が「浪士隊」を作る

清河八郎（１８３０年生）は浪士隊をプロジェクトした男だ。羽前（山形）の農民の出身で、剣豪で理論家だった。実は、彼はあるマチガイを犯し、その罪を許してもらうために、「浪士隊」の献策をしたのだ（後述）。

江戸・市ケ谷柳町
試衛館
門弟が集まらんなぁ…
天然理心流 試衛館館長 近藤周助
がら〜ん
現在の多摩市
田舎で教えよう
うわ〜 農民の子ばっかり
入門しま〜す
やぁ
おっ！この子は太刀すじがいいぞ
後に周助の養子になる近藤勇である
(当時16才)
ハアハア
新撰組初期メンバーは試衛館で出会っている
四代目館長 近藤勇
沖田総司
土方歳三
槍・宝蔵院流 原田左之助
北辰一刀流 藤堂平助
神道無念流 永倉新八
北辰一刀流 山南敬助

来たれ！「浪士」たちよ

清河八郎が「浪士隊」を結成するが…

3

●清河八郎は自分の都合で「浪士隊」を作る

清河八郎は、尊王攘夷論がうずまく江戸で、頭角をあらわしていく。あるとき、故意にケンカをうってきた町人を殺してしまう。このとき、切った首が転がって、近所の瀬戸物屋に飛び込んだという。たいした腕なのだ。しかし、そのため、清河は「おたずね者」になる。清河は…、「なんとか、この追求を逃れる方法はないか」と考える。そして、秘策を思いつく。「そうだ。それ相当な働きをして、幕府に自分の罪を免じてもらおう」と。それが「浪士隊」をつくる動機だった。

●清河八郎のヒット作「急務三策」

清河八郎は、知人の松平上総介をつうじて、幕府の大物・松平春嶽に「急務三策」を献策をする。その「急務三策」とは「攘夷派の鎮静」「大赦の発行」「天下の英材の教育」の三策だ。

当時、尊王攘夷派の志士があばれている。江戸幕府は「彼らの存在をなんとかしたい」と思うが、いい手がない。そこに、清河がタイミングよく献策を出したのだ。幕府はその献策に飛びつく。しかも、清河八郎は、「英材を集めて、浪士隊を作ること」「自分が浪士隊を京都に引率して、京都の志士を制圧すること」を提案したのだった。

●清河八郎の「真の目的」は別にあった

幕府はこの献策を取りあげ、清河をリーダーに抜擢する。このために、清河は「大赦」を受けて、彼の罪は許される。そして、浪士隊を作ることに東奔西走した。しかし、清河の「本心」はほかにあった。清河は若いころから天皇中心の国学を学んでいる。浪士隊を「幕府のために働かせる」のではなく、反対に「攘夷、倒幕のために使うこと」を考えていた。そのための先兵として、浪士隊を京都に送りこもう、というのだ。

尊王攘夷派のテロ行為に幕府は頭を痛めていた
あいつぐ外国人殺傷事件
困った
困った
幕
幕
幕府に献策いたす
清河八郎
急務三策
一、攘夷派の鎮静
一、大赦の発行
一、天下の英材の教育
これはいい
幕
浪士隊を募集して京の警護にあたらせましょう
浪士隊募集
私が集めます
そのかわり罪は許してね
じつは清河はおたずね者だった
殺人を犯していた
フフフ…
私はキッスイの尊攘派
いずれ幕府を倒して天皇の国をつくるゾ
清河の真意は別にあったんだ

早くも浪士隊が崩壊する

初めは「烏合の衆」のため、すでに破綻していた

4

●トホホッ。いきなり予算不足…

清河の策略は一時的に成功して、多くの浪士が集まってくる。近藤ら試衛館の若者も、その中にいたのだった。集まったのは２５０名以上だ。ひとりあたりの手間賃が50両だったので、全部で1万2千5百両になり、当初、予定していた予算の5倍になってしまった。いきなり、予算オーバーで松平は役目を辞任する。急きょ目付けになった鵜殿鳩翁《うどのきゅうおう》は「予算オーバー」を説明する。結局、侍はあまり集まらない。しかたなく、付近の農民や博徒などが集められたのだ。

●いよいよ京都へ出発！

初めに集められた浪士隊は異状に大人数になった。しかし、当初の予定とは違い、農民や博徒、その他、雑多な人間だ。文久３（１８６３）年2月8日、ついに、近藤勇は試衛館の若者とともに京都にむかう。名目は「徳川家茂の上洛のために、京都の治安維持をすること」だ。ただ、近藤らは単なる「平」隊士だった（七つの隊の中の六番隊所属）。集められた農民や博徒は「士分《さむらい》」を希望している。しかし、清河にはそんなつもりはない。近藤は「どうも、清河は信用できないヤツ」と、ウスウス感づいていた。

●初期の崩壊が始まった

清河八郎は、集まった浪士を「勤王の志士」として利用しようとしている。勤王派の清河が、「集めた浪士」をミスミス「幕府の手先」にする気持ちはない。さて、一行は壬生に到着する。清河は、みんなの前で、初めて本心を吐露する。それによれば、「倒幕」「手当なし」「士分に取り立てない」という。心の中では、清河は「してやったり」だが…。しかし、そのことを知った幕府のほうは困ってしまった。

浪士隊募集
近藤さん 私たちも 応募しましょう
侍に なれるゾ
予算不足で ろくな人材は 集まらなかった
たらっ
ま、いいか
農民
博打打ち
脱藩浪士
1863年2月8日
浪士隊　京へ向かう
目的は
●徳川家茂上洛の先発隊
●京の治安維持
近藤たちは まだ「平」隊士
どうも清河は 信用できねえな…

新撰組、誕生する！

5 「清河八郎の手にはのらない」と、主張する

●幕府から帰還の命令が出る

幕府から「関白の命令」として、全員に「帰還せよ」と司令が出たのだ。浪士隊の、ほとんどの人間が江戸に引きかえしてしまった。約束が違うのだ。

ところが、近藤勇は「『関白の命』では帰れない。徳川の命令でないのなら、動くことができないのだ」と、つっぱねてしまう。もともと、清河八郎は「浪士隊など、烏合の衆だ。いざとなれば、なんとかなる」と、タカをくくっていたのだが…。まさかの近藤の態度に、清河は驚く。思わず、清河は刀に手をかけ、一時は険悪なフンイキとなる。

結局、ごく少ない人間だけが、清河とタモトを分かつことになる。清河の策略がバレて、初期の崩壊が始まったが、結果的に新撰組の基礎ができあがった。

●そして、24人が残った

京都残留組は総勢24名だ。そのうち、芹沢派と近藤派がふたつの大きな塊となる。リーダーは芹沢と近藤と新見だ。新見はのちに副長に降格させられる。

芹沢と近藤は身寄り先を松平容保《かたもり》と決めている。松平容保は会津藩九代目当主で京都守護職だ。京都守護職とは、京都の治安が乱れ、幕府が治安維持のために置いた警察署長のような役職である。長期間、会津藩とは深いつながりになる。

松平容保としては、近藤らのようなナラズモノ集団でも、京都のテロリスト退治に期待が持てる。とにかく、かれらの落ち着ける場所を「京都壬生」に用意した。そして、文久3（１８６３）年3月12日、「壬生浪士組」が生まれる。さらに、5か月後、「新撰組」（「新選組」とも書く）が誕生する（後述）。「壬生浪士」という言い方は、新撰組の結成後もアダ名となる。「壬生浪」とよばれて、終生、「みぶろ」という言葉がついてまわった。

京都・壬生
諸君は勤王の志士として働くのだ
倒幕だ～
え～ 聞いてないよ～
怒った幕府は朝廷の勅諚をとりつけた……
勅
幕
江戸へ帰還せよ
芹沢鴨
わしらは残るゾ 約束が違う
京都残留組24名は京都守護職（合津藩）預かりとなる
会津藩主　松平容保《かたもり》
ナラズモノ集団だがなにかの役に立つだろう
會
1863年3月
「壬生浪士組」の誕生である
再就職できた～♪
江戸に帰還した清河八郎は幕府の手によって暗殺される
壬生浪（みぶろ）って呼んでネ
身なりがボロいから「身ボロ」って言われたんだよネ
それでも私が新選組の生みの親だ～感謝しろ～～

「来たれ！ 新入隊士よ」と、隊士募集する

このあと、「隊士募集」が名物になる

6

●お役目のためだ！ 新入隊士を増やせ！

文久3（1863）年3月に「壬生浪士組」を結成する。そして、4月には、もう新入隊士の募集をかける。まだ、予算もママならず、食うや食わずの状態なのにである。タバコも買えないのだ。

しかし、「京都守護」のお役目のためだ。人数が多いほうがいい。京都を横行するテロリストから、町を守るには、絶対数が必要だ。近藤は「貧乏所帯で、どうせ集まらない」と思っている。すると、京都じゅうから、大勢の人間が入隊を希望してきたのだ。5月の段階で50数名になった。大盛況だ。

●やっと、壬生屯所ができる

初めは、近藤らは20数人で、民家に分宿していて、住処《すみか》は間にあっていた。しかし、予想外の新入隊士が大勢応募してきたのだ。そのため、住むところが必要になる。壬生村綾小路の前川荘司邸を手に入れ、屯所を設置する。新撰組の初めての屯所だ。さらに、メンバーを管理するためには、「組織作りをしなくては」と、近藤と芹沢は考えていたのだ。

●「派閥均衡」の組閣をする

さて、近藤と芹沢を中心に第一次編成ができあがる（第2章参照）。

○**隊長**…近藤勇、芹沢鴨、新見錦（芹沢派）

○**副長**…山南敬助《やまなみけいすけ》（近藤派）、土方歳三（近藤派）

○**副長助勤は**…沖田総司（近藤派）、永倉新八（近藤派）、藤堂平助（近藤派）、平山五郎（芹沢派）、野口健司（芹沢派）、井上源三郎（近藤派）など

○**調役《ちょうやく》並監察**…島田魁《かい》（近藤派）

最初から、芹沢派と近藤派とは微妙なバランスをとっている。この第一次編成では、すでに、重要ポストを、両派閥から均等に出している。まさに、派閥の均衡の力学が働いているのだ。

初期の組織は二頭体制
派閥政治だ～
近藤派（試衛館派）
近藤勇（30）
土方歳三（29）
沖田総司（22）
井上源三郎（35）
山南敬助（31）
永倉新八（25）
藤堂平助（20）
原田左之助（24）
芹沢派（水戸派）
芹沢鴨（34）
新見錦（28）
野口健司（21）
平山五郎（35）
平間重助（40）
＊（　）内は当時の年齢

新撰組はリクルート好き何度も隊士募集を行っている
貧乏所帯なのにけっこう集まったなぁ～
面接会場

新撰組の初陣！「八月十八日の政変」だ

歴史的大事件に巻き込まれ、存在感をあらわす

7

●「公武合体派」に巻きこまれる

いよいよ、新撰組も歴史の大きな波に飲まれるときがきた。文久３（１８６３）年8月ごろ、京都御所では、長州があとおしをする「尊王攘夷派」が実権をにぎっている。その実権を「公武合体派」が巻きかえし、「尊王攘夷派」を追いおとした。これを「八月十八日の政変」という。

薩摩と会津が首謀者となり、長州と尊王攘夷派の公家を攻撃する。このとき、京都の警護にあたっていたのが、薩摩、会津、京都守護職だが…。

当初、新撰組はよばれなかった。やはり、まだナラズモノのイメージがあったのであろうか。しかし、一向に事態が解決の方向にむかわない。ついに、「壬生浪士組は御所で警護にあたれ」という、命令が出たのだ。隊士50名が2列にならび、おのおの得意の武器を手に持っている。さらに、「誠」と染めぬいた隊旗が先頭にひるがえっていた。ついに初陣である。

●「七卿《しちきょう》落ち」で落着する

8月18日の正午に「壬生浪士組」が蛤御門に到着する。隊士50名が、赤い「誠」の隊旗とダンダラ模様の羽織を着て、リリしく集合している。警護の会津兵が、「名を名乗れ！」と、槍を突きつけて、押し止めたが…。そこは度胸のいい芹沢が、「われわれは、会津候お預かりの『壬生浪士』だ」といいながら、重さ1キロもある鉄扇で、警護の侍の槍の穂先を押し戻した。

「尊王攘夷派」と「公武合体派」の小康状態は続いたが、ついに戦闘は起きなかった。結局、公家七人が京都を去り、決着がつく。これが「七卿落ち」だ。

「壬生浪士」はこの功績を認められ、朝廷から隊士に金1両ずつがくだしおかれ、「新選組」という名前があたえられた。これをもって、幕府と朝廷と両方から認められた団体になった。

會
幕
ばちばちばち
公武合体派
尊王攘夷派
皇族・中川宮《なかがわのみや》＋幕府＋会津、薩摩
急進的な公卿（三条実美《さねとみ》など）＋長州
攘夷はやって欲しいが倒幕は望んでいない…
孝明天皇
一八六三年「八月十八日の政変」起こる
松平容保《かたもり》
「壬生浪士組」は御所の警護にあたれ
新撰組（壬生浪士組）デビュー
誠
お
名を名のれ
壬生浪士だ
誠
壬生浪士の知名度は低かった
知ってる？
??
「壬生浪士組」は「八月十八日の政変」での功績を認められ正式に
「新撰組」になる
尊王攘夷派の公卿たちは御所から閉め出され長州へ落ちのびた
「七卿落ち」の図▶

芹沢鴨が暗殺され、近藤体制が固まる

「二頭体制」がキシミを生じ、早くも崩壊する

8

●「芹沢鴨」の乱暴がエスカレート

近藤勇と芹沢鴨の二頭体制が続いている。微妙なバランスだった。しかも、芹沢はあまり評判のいい男ではなかったようだ。色白で、デップリしていて、やや酒乱のキミだった。いくつかの有名な事件が起きる。「力士の大ゲンカ」「大和屋焼き討ち」「豪商の強請《ゆすり》」などだ。しかし、豪商へのゆすりにはワケがあった。少し振りかえってみる。

●強引な資金あつめのワケは？

新撰組の資金不足も深刻だったが…。文久3（1863）年に会津侯のお抱えになったが、まるで資金のアテはなかったのだ。あいかわらず隊士は貧乏暮らしで、ほとんど農民時代と同じカッコウをしている。刀を差していなかったら、侍には見えない。

4月になる。資金も底をついてきたので、芹沢は大坂にやってきた。今橋1丁目の平野屋五兵衛をおとずれる。近藤、新見、野口、永倉、土方、沖田もいっしょだ。軍資金の調達といえば聞こえがいいが、「返す気」のないユスリだ。平野屋は奉行所に泣きついたが、奉行所もなにもしてくれない。結局、百両、セビリ取られた。同じ手口で、鴻池善右衛門からも2百両の資金提供を受けたのだ。こんなことをされては、会津藩としても、藩名に傷がつく。会津藩から、ひとりあたり月給を3両を出すことになったのだ。

●ついに粛正される

芹沢派と近藤派の対立が激しくなる。「新撰組」という名前になって、ひと月がたったころだ。芹沢は、島原の宴会のあと、帰って寝ている。その夜は激しい雨が降っている。真夜中になり、土方歳三、沖田総司、原田左之助らしき、4、5名の隊士が部屋にはいってくる。いきなり、メッタ斬りにしていったという。真相は…。（第5章参照）

新撰組はあいかわらず貧乏所帯
貧乏くさくて侍に見えんのぉ～
ヨシ軍資金を調達しよう
二百両貸せ
ほとんど強請り
お許しを…
いうことをきかないヤツは焼き討ちじゃ～
松平容保
芹沢の悪業は目に余る このままでは新撰組の名に傷がつく
芹沢粛正

池田屋事件で新撰組の名をあげる

9

まさに決死の覚悟。いざ斬り込みだ！

●スパイ・山崎烝、暗闘する

元治元（1864）年の春ごろ。探索方の山崎烝《すすむ》からひとつの報告が入る。それは、旅籠屋の「池田屋」と「四国屋」に、長州藩や脱藩浪士が集まり、倒幕の密儀をしているという。近藤は会津藩といっしょに踏み込んで、制圧したいと思ったが…。しかし、長州と激突を避けたい会津の協力が得られなかったのだ。

●たった6人をつれて、決行した

そのとき、あいにく病人が多かった。しかも、多くの隊士が出張あるいは脱走している。京都では30人ほどしか動けない。会津の協力も得られない。しかし、「やるか！」と、近藤勇は覚悟を決めた。土方歳三に20名つけて、四国屋にむかわせる。近藤は6名を引きつれ、池田屋をめざした。6名とは、沖田総司、藤堂平助、原田左之助、永倉新八、谷三十郎、近藤の息子・周平だ。（異説あり）

●「御用改めである！」

山崎烝があらかじめ鍵を開けておく。そのため、堂々と、近藤は表門から入ってくる。近藤は、沖田総司、永倉新八、藤堂平助を引きつれ、踏みこんだ。いずれも猛者《もさ》だ。

「御用改めである。主人はおるか」とさけんだ。池田屋の主人の総兵衛が、近藤の姿を見るなり、2階へ駆け上がる。「これは浪士たちが2階にいるな」と、察知した近藤は、総兵衛のあとを2階にあがる。

2階には30名以上の浪士がいる。しかも、急変に気がついた浪士たちは、すでに刀を抜いている。近藤が「御用改めだ。無礼いたすと斬るぞ」とさけんだ。周章狼狽した浪士の数人は、2階の手すりを乗りこえ、中庭に飛びおりる。すると、谷三十郎と原田左之助が待ちうけていたので、外でも激戦になっていた。

勤王のやつらが倒幕の密議をしています
スパイ山崎烝《すすむ》
近藤ら 7名
ふた手に別れよう
土方ら20名
夏バテ組（山南敬助ら）
池田屋へ
よろしくたのむ
四国屋へ
近藤周平
谷三十郎
永倉新八
新撰組だ御用改めである
沖田総司
原田左之助
藤堂平助

「間にあった…!」土方隊が到着する

駆けつける移動中に、すでに斬りこみ準備を

10

●すでに、2名が戦線を離脱する

何人かの浪士が2階から逃げおくれたが、天才剣士・沖田総司が一刀のもとに切り捨てた。沖田は、数人を薙ぎたおしたが、急に、持病の労咳でセキこみ始めたのだ。自分の斬った死体のうえに横になった。

さらに、藤堂平助は、物陰から飛びだしてきた相手に斬られ、顔じゅう血だらけで、苦しんでいた。どうやら、目に血が入ったようで、もう戦えない。（永倉新八・談）

沖田と藤堂が戦闘不能だ。屋内では近藤と永倉が数人の敵を相手にする。絶体絶命だ。

●土方歳三、到着！

そのとき、土方歳三ら20人が到着する。井上源三郎、斎藤一らが突入する。そのほかの隊士も、遅れたことを名誉挽回しようと、いっそう張りきる。武田観柳斎も、たまたま落ちてきた敵を、槍で刺して、手柄をあげたのだった。

完全に新撰組が優位になる。そのとき、諸国の兵も3千人ほどやってきて、遠巻きに池田屋のようすを見ていたという。

●「斬れ」から「生け捕り」への変更

かなりの大人数（およそ30名）の敵中に、たった7名で切り込んだとき、近藤の命令は「斬れ、斬れ」だった。隊士たちはボロボロになる中、斬りまくる。永倉の刀は折れてしまい、近藤の愛刀「虎徹」もボロボロだった。

しかし、四国屋から駆けつけた土方を見た近藤は、「生け捕りにしろ」と、命令を変えたのだ。勤王の志士のうち14名が死亡した。捕縛は20名。手柄をあげた新撰組は、会津藩から総額で6百両がくだしおかれた。この「池田屋事件」のため、「明治維新は1年遅れた」といわれる。

1864年6月5日
池田屋には長州、土佐、肥後の勤王の志士が集まっていた
30名の中にたった7人で斬り込んだ
ゴホ ゴホ ゴホ
総司 大丈夫かっ
ひぇ〜
助かった
近藤さん 間に合ったか!?
新撰組は池田屋事件で名をあげた
会津藩と幕府からたんまり報奨金をもらっている
「池田屋事件」のせいで「明治維新は1年遅れた」といわれています

第一章

新撰組はこうして生まれた

第二章
新撰組はこんな組織だ

――初期の新撰組の、「組織」の移り変わり

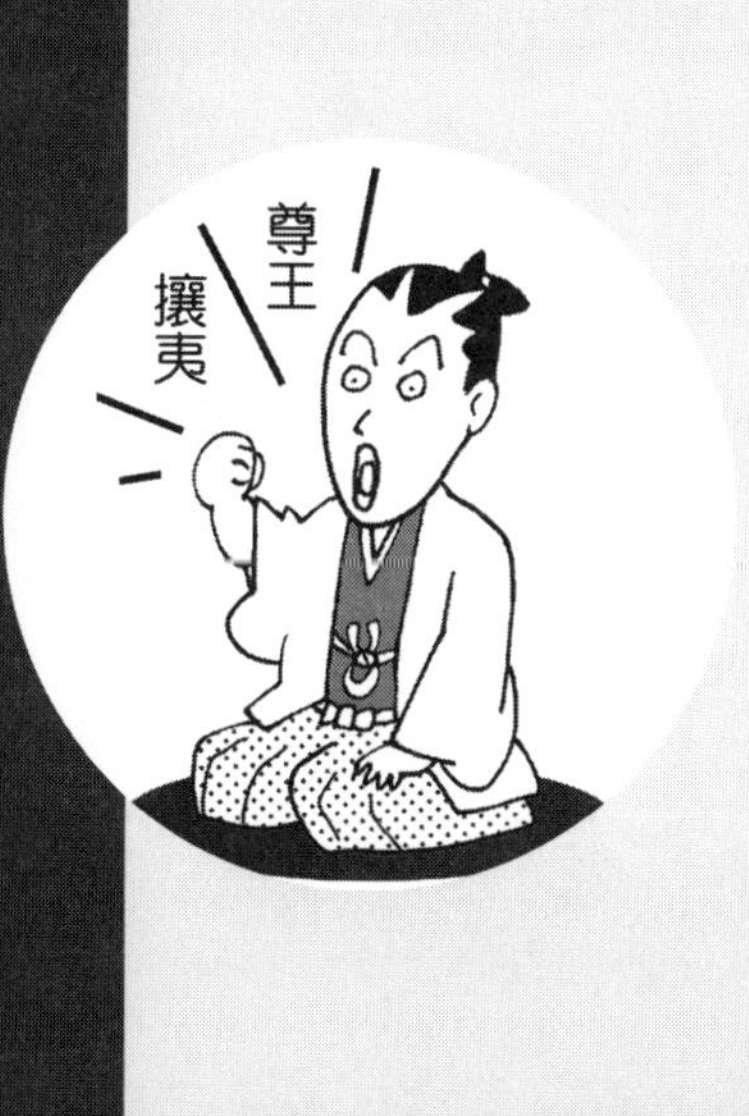

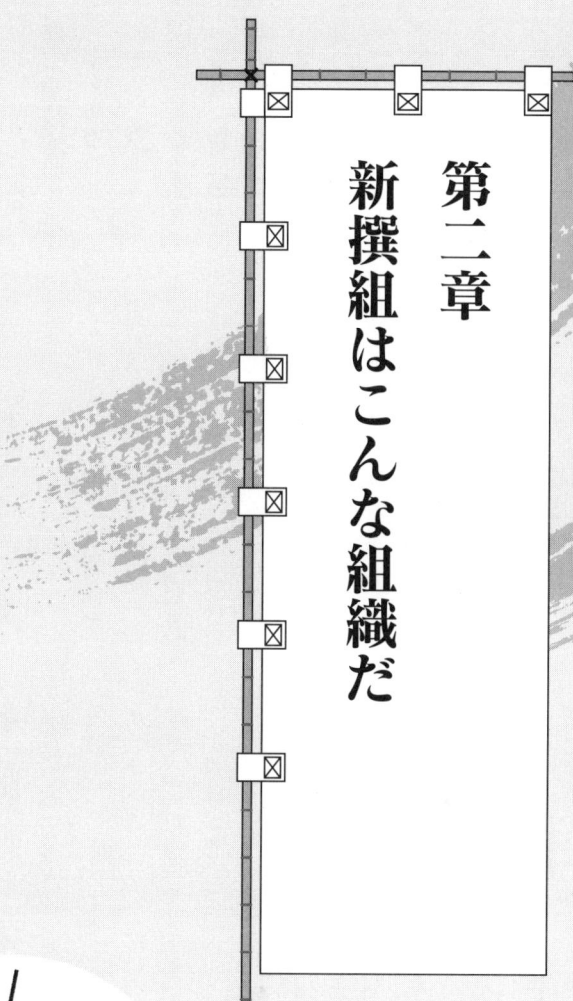

近藤派が実権をにぎる

リーダーが5人という変則体制だった

11

●二頭政治のころ

まず初めのころ（文久３・１８６３年）の組織を、のぞいてみよう。３人の局長（芹沢、近藤、新見）の三頭体制からスタートする。三頭のトロイカ政治といっても、新見のあつかいは副長。実質的には二頭政治といえる。ほかに、副長は山南敬助と土方歳三だった。

この３人の副長の下に副長助勤がいる。この副長助勤の下に平隊士がいる。この副長助勤がリーダーとなって、京都の治安維持活動をしている。指揮命令は、すべて、副長からでる。

このころはまだ、隊士の数が50名程度なのに、５人のリーダーでは少し「頭でっかち」だ。実質的には「副長中心のシステム」なのだ。しかも副長の新見は無力。もうひとりの副長の山南は、のちに「総長」という名の「名誉職」にしたてられる。そこに土方の計算がある「副長中心」というより、「土方中心」のシステムにしていくのだ。

●「武闘派」と「経済派」の確執があった

芹沢というと、「乱暴もの」の悪者のイメージだ。しかし、芹沢の行動には意味がある。芹沢は資金集めのため、多くの「ゆすり事件」を起こしている。「ゆすり」には近藤や土方もいっしょに行動しているので、芹沢だけが悪者ではない。

では、芹沢はどこが、うとまれたか？　芹沢は勘定方に自分の派閥（芹沢派）の平間重助を入れている。つまり、芹沢は、経済の面から「組織」を自分のものとしようとした。じょじょに近藤派が不利になっていった。近藤としても、巻き返しが必要だったのだ。

●何度も組織や「呼称」を変える

副長助勤は、初め「伍長」とも呼ばれていた。その後、伍長と副長助勤は別の役目となる。一度、副長助勤を使わなくなるが、また復活している。

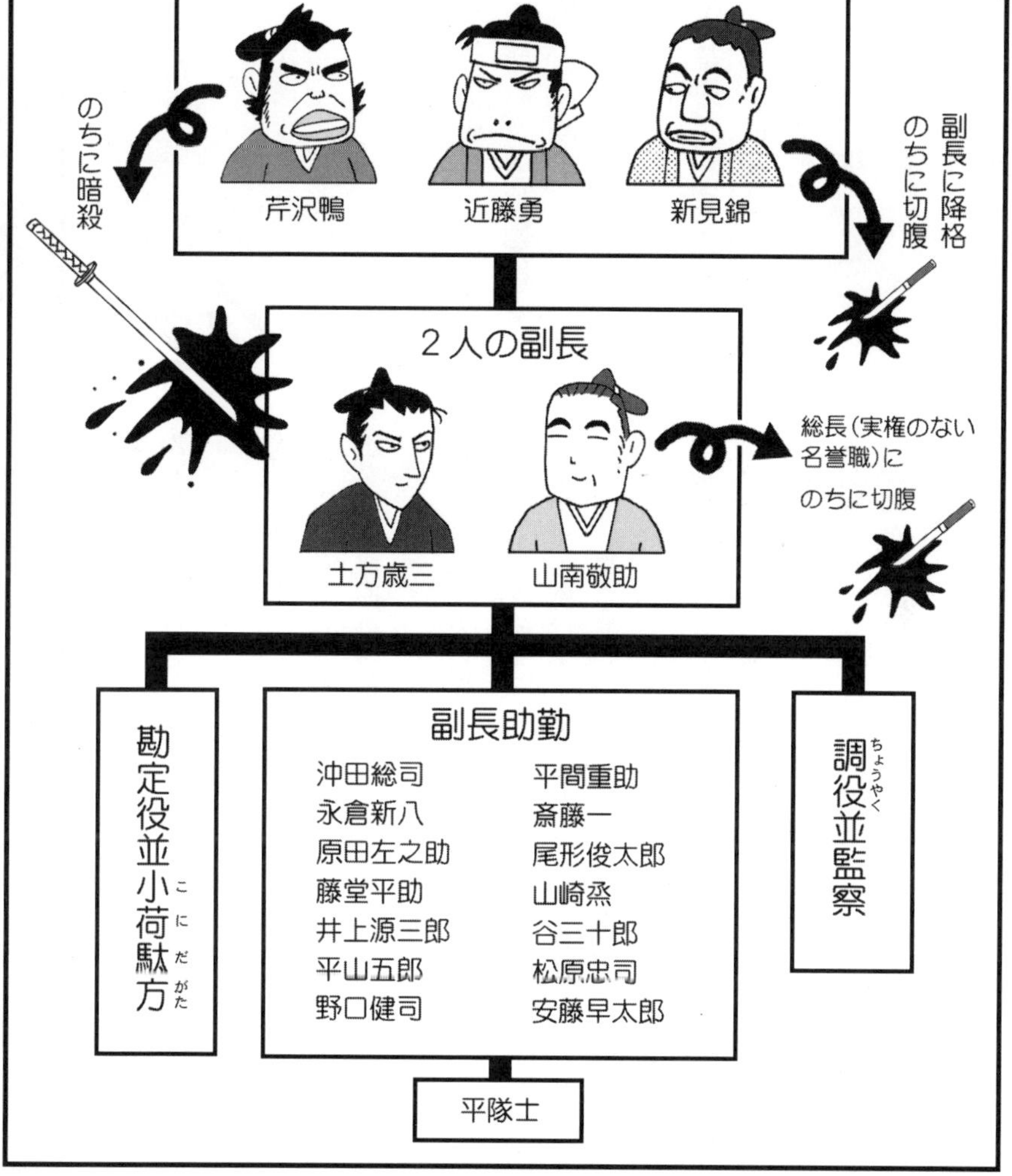
初期新撰組組織図
1863（文久3）年6月（約50名）
3人の局長
芹沢鴨
近藤勇
新見錦
のちに暗殺
副長に降格
のちに切腹
2人の副長
土方歳三
山南敬助
総長（実権のない名誉職）に
のちに切腹
勘定役並小荷駄方《こにだがた》
副長助勤
沖田総司
永倉新八
原田左之助
藤堂平助
井上源三郎
平山五郎
野口健司
平間重助
斎藤一
尾形俊太郎
山崎烝
谷三十郎
松原忠司
安藤早太郎
調役《ちょうやく》並監察
平隊士

「十番隊時代」は、黄金時代の幕開きだ

このシステムがほぼ崩壊まで続いていく

12

●「近藤体制」固まる

芹沢暗殺（第1章）の真相はわからぬままだった。「長州のやつらの仕業だ」といわれたが…。どうも、おかしい。その暗殺の前後、芹沢派のほとんどが粛正されたことで、芹沢・新見・近藤の三頭体制は完全に崩壊した。そのためか、隊士の数も減って、40名ほどになっていたのだ。

●伊東甲子太郎《かしたろう》の参加で組織革命が起きる

隊士の数が減った。「困った…」、近藤は、「もう一度、隊士を入れよう」と、リクルートを考える。京都の現地採用は気がすすまない。近藤には「侍は『江戸から』だ」というポリシーがある。

藤堂平助に「江戸で募集をするように」と命じたのだ。このとき、藤堂の誘いに応じたのが、伊東甲子太郎だ。伊東は、水戸学をおさめ、しかも北辰一刀流の達人だ。伊東は7人の侍を引きつれ、新撰組に参加する。このインテリの伊東の参加（元治元・1864年）は大きかった。のちに、伊東に「参謀」というポストをあたえる。伊東は、新撰組には、それまでにないタイプで、組織革命を起こしたのだ。

●十番隊の基礎ができる

募集作戦の甲斐もあり、隊士も70名を超えている。伊東甲子太郎の考えもあり、新しい体制をつくる。いわゆる「番号制」だ。1番隊・沖田総司、2番隊・伊東甲子太郎、3番隊・井上源三郎、4番隊・斎藤一、5番隊・尾形俊太郎、6番隊・武田観柳斎、7番隊・松原忠司、8番隊・谷三十郎、小荷駄《こにだ》雑具（軍事物資の調達・輸送係）・原田左之助、同じく小荷駄雑具・河合耆三郎《かわいきさぶろう》。

ほとんどの組長が、かつての副長助勤で、平隊士を統括している。8番までの隊とふたつの小荷駄隊で、10隊になるのだ。のちの「十番隊体制」につながっていく。

1864(元治1)年10月
伊東甲《か》子《し》太《た》郎《ろう》入隊
藤堂平助
同門
(北辰一刀流)
僕がリクルートしてきました
ぴかぴか
水戸学をおさめたインテリ
北辰一刀流の達人
伊東以下、8名が入隊
伊東一派となる
インテリに弱い
気に入った「参謀」になってくれ
実弟・三木三郎

伊東が学んだ水戸学はバリバリの尊王攘夷思想
尊王
攘夷
近藤と徐々にキレツが深まる
幕府をないがしろにする発言が多いなー
オレは最初から気に入らなかったぜ

キラキラした「黄金時代」がやってきた

13

ふしぎと、「新人募集」が名物になっていく

●リクルートが成功する

慶応元（１８６５）年に、伊東甲子太郎と土方歳三、ほか数名が、江戸に隊士募集に出張する。またまた、リクルートだ。

近藤勇は、「侍は、やっぱり『東国武士』だ」という考えは変えない。その考えに答えて、伊東と土方らは、53人の志願者をつれて帰ってきたのだ。

京都の志願を合わせ、隊士は一挙に１３０名となる。さらに、伊東は「参謀」として組織の外へハズれる。以前の番号制を、さらに「強固なもの」に変更した。その新体制を説明しよう。

●新撰組といえば「十番隊」だ

全体は10隊に別れる。隊の中に判が2班ある。各班には、5人ずつの隊士がいる。この5人を束ねる伍長がいる。その伍長・2人の上に組長がいる。

つまり、1隊が13人だ。その隊が10隊あるのだ。その隊すべてのうえに、副長の土方歳三がいる。さらに、土方のうえに近藤がいる。ひとつの部隊は小さい。大きい官僚的ピラミッドではなく、小さいピラミッドを多数作っている。（『事件帖』）

●「調役」は内外に目を光らせる

このときの組長も、「八番制」のときと、大きく変わっていない。隊長を紹介しよう。1番隊・沖田総司、2番隊・永倉新八、3番隊・斎藤一、4番隊・松原忠司、5番隊・武田観柳斎、6番隊・井上源三郎、7番隊・谷三十郎、8番隊・藤堂平助、9番隊・三木三郎、10番隊・原田左之助。勘定方・河合耆三郎。

伊東の弟である三木三郎が抜擢されている。原田が小荷駄雑具から組長になる。そして、河合耆三郎が算盤がたつので、勘定方となる。さらに、山崎烝、尾形俊太郎、吉村貫一郎など7名が、調役（外部の調査や組織内の監察の役）になった。

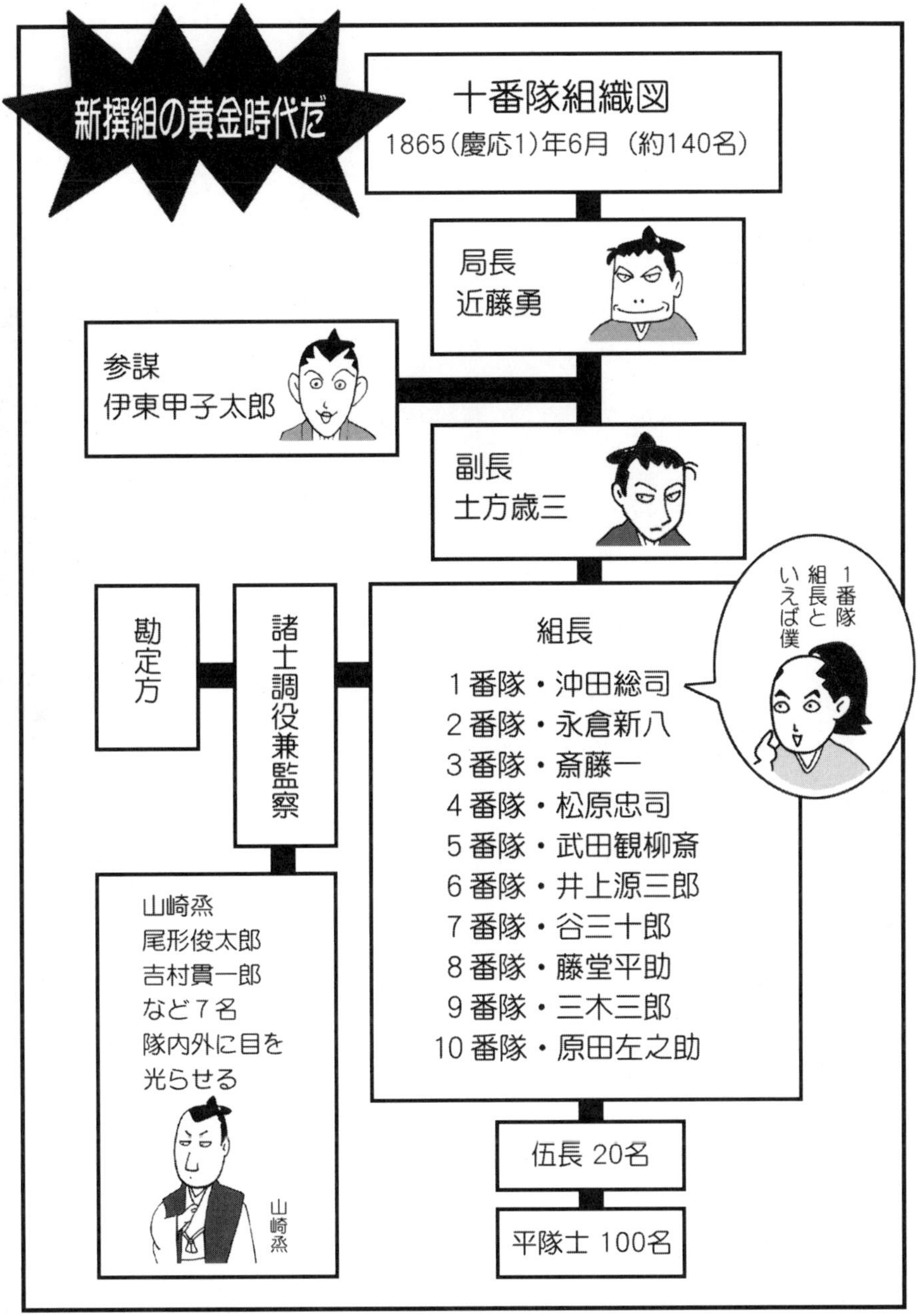

新撰組の黄金時代だ
十番隊組織図
1865(慶応1)年6月（約140名）
局長
近藤勇
参謀
伊東甲子太郎
副長
土方歳三
勘定方
諸士調役兼監察
組長
1番隊・沖田総司
2番隊・永倉新八
3番隊・斎藤一
4番隊・松原忠司
5番隊・武田観柳斎
6番隊・井上源三郎
7番隊・谷三十郎
8番隊・藤堂平助
9番隊・三木三郎
10番隊・原田左之助
1番隊組長といえば僕
山崎烝
尾形俊太郎
吉村貫一郎
など7名
隊内外に目を光らせる
山崎烝
伍長 20名
平隊士 100名

伊東甲子《かし》太郎《たろう》派も粛正された

粛正の歴史で、またまた隊士が激減する

14

●秘策！「伊東甲子太郎の分離独立」作戦

伊東は水戸学を学んでいる。この水戸学とは「尊王攘夷」の学問だ。近藤勇も「尊王」ではあるが、あくまで「幕府中心主義」だ。ふたりは相いれないところがある。伊東は仲間と脱隊したいが、新撰組は「脱隊は切腹」だ。

そこで、伊東は「分離独立」というアイデアを考える。

しかも、絶妙のトリック・プレーを思いついた。「分離独立」ができて、近藤が反対できない方法だ。

その方法とは、孝明天皇の「御陵衛士《ごりょうえじ》」になることだ。「御陵衛士」とは孝明天皇の陵墓を守る侍だ。この孝明天皇は、慶応2（1866）年に崩御している。「御陵衛士」では、「尊王」の近藤には逆らえないのだ。

伊東は総勢13人で、マンマと脱隊していった。

●油小路の変で、大粛正が起きる

ここまでは、伊東の計略どおりだったが…。慶応3（1867）年に大政奉還が起きる。歴史は、伊東らを置いて、ドンドン進んでいく。

あせりを感じた伊東は、早く「勤王倒幕派」に合流したかった。しかし、このままでは、新撰組とのつながりを疑われる。何か「手土産」を持っていきたい。

そこで、近藤と土方の「暗殺計画」を立てたのだ。しかし、この計画が斎藤一をとおして近藤にバレる。

ついに、七条油小路において「油小路の変」が起きる。この事件で、伊東一派はほとんど粛正されてしまうのだった。

●もとの木阿弥。「試衛館」時代に戻ってしまう

新撰組が結成して、2年が経過する。芹沢派と伊東派が去る。そのほか粛正された人々が多い。幹部クラスに残っているのは、「試衛館」時代からの人間が多かった。

新撰組・粛正の歴史

	氏名	
1863年	殿内義雄	斬殺
	阿比類鋭三郎	暗殺？
	家里次郎	切腹
	佐々木愛次郎	斬殺
	佐伯又三郎	暗殺
	新見錦	切腹
	芹沢鴨	斬殺
	平山五郎	斬殺
	荒木田左馬之助	斬首
	楠小十郎	斬殺
	御倉伊勢武	斬首
	野口健司	切腹
1864年	松山幾之助	斬殺
	葛山武八郎	切腹
	山南敬助	切腹
1865年	大谷良輔	切腹
	石川三郎	切腹
	施山多喜人	切腹
	佐野牧太	斬殺
	松原忠司	心中

	氏名	
	桜井勇之進	切腹
1866年	河合耆三郎	切腹
	小川信太郎	切腹
	谷三十郎	斬殺？
	武田観柳斎	斬殺
	柴田彦三郎	切腹
	田内知	切腹
	田中寅蔵	切腹
	佐野七五三之助	斬殺
	茨木司	斬殺
	中村五郎	斬殺
	富川十郎	斬殺
	伊東甲子太郎	斬殺
	毛内有之助	斬殺
	服部武雄	斬殺
	藤堂平助	斬殺
	小林啓之助	斬殺
	浅野薫	斬殺
	川島勝司	斬殺
	酒井兵庫	斬殺

芹沢鴨
新見錦
伊東甲子太郎
藤堂平助
試衛館からの仲間なのに…油小路で殺られた〜
粛正された隊士たちは公務の戦いで死んだ者より多い
アタマのよさが災いしたかも…
オレは副長だったンだぜ
オレは局長だ〜

「警察」から「軍隊」になる

メンバーがやっぱり、足りなくなる

15

●長州攻撃の時期がやってくる

話は少し前に戻る。池田屋事件（１８６４年）の直後。油小路の事件の前、まだ、新体制になって1年しかたたないころだ。新撰組は「京都守護」が目的だ。つまり京都の「警察官」だ。ところが、長州征伐の時期が迫ってくるという。新撰組も、なんとしても参加しなくてはいけない。なし崩し的に、軍隊の一部にさせられたのだ。

●進め！　軍事パレードだ

「油小路の事件」の前には…。長州征伐のため、新撰組も軍編成になる。大銃隊の担当は、谷三十郎と藤堂平助。小銃隊の担当は、沖田総司と永倉新八。槍の担当は、斎藤一と井上源三郎。そして、軍奉行は伊東甲子太郎と武田観柳斎だ。

新撰組は「人きり集団」というイメージだが、かなり銃がそろってきた。それでも、圧倒的に「火器」が足りない。近藤勇は「武士は刀剣」という、思想を持っている。しかし、土方歳三は、心の中では「これでは、『火器』が足りない」と考えている。が、土方は近藤の考えには逆らわない男だ。

●またまた、新入隊士の募集をする

油小路の事件が起こり、また隊士が減ってしまった。新たな有事にそなえ、新体制をつくる必要がある。慶応3（１８６７）年。土方歳三と井上源三郎が、またまた江戸に向かい、新入隊士の募集をする。その甲斐あって、１５０名をこえることになる。

組織全体は、あまり変わらない。だが、組長がなくなり、「副長助勤」が復活する。副長助勤は、沖田総司、永倉新八、井上源三郎、原田左之助、尾形俊太郎、山崎烝。メンバーは変わらない。ただ、武田観柳斎、篠原泰之進、服部武雄、三木三郎など、粛正された者は、副長助勤と調役のリストからハズれている。

組織の変遷（増減）

年代		項目	主な新入隊士☆ 脱隊（粛正）者★	総数
1863年	3	壬生浪士組		24名
	5	第一次隊士募集	尾形俊太郎☆ 山崎烝☆ 河合耆三郎☆ 谷三十郎☆	36名（二頭体制）
	9	芹沢鴨暗殺	新見錦★ 芹沢鴨★	
1864年	6	池田屋事件		50名（八番隊組織）
	7	禁門の変		
	10	第二次隊士募集（36名採用）	伊東甲子太郎☆ 三木三郎☆ 佐野七五三之助☆ 大石鍬次郎☆	
1865	9	第三次隊士募集（54名採用）	山南敬助★	約200名（十番隊組織）
1867年	3	御陵衛士13名分離独立	伊東甲子太郎★ 三木三郎★ 藤堂平助★	
		粛正の嵐ふきあれる	谷三十郎★ 武田観柳斎★	
	10	大政奉還		
	10	第四次隊士募集（90名ほど採用）		約150名（水増し的）
	11	油小路の変	伊東甲子太郎★ 藤堂平助★ 毛内有之助★	
	12	王政復古の大号令		
1868年	1	鳥羽伏見の戦い	山崎烝★ 井上源三郎★ 21名戦死	117名
	1	江戸へ帰還		44名
	3	甲陽鎮撫隊（旧幕府軍と合体）		約200名（水増し的）
	3	甲陽鎮撫隊敗退（多数脱走）	永倉新八★ 原田左之助★ 沖田総司★	約120名
	4	下総流山で隊士募集		227名（水増し的）
	4	近藤勇、新政府軍に投降		

事実上、組織は解体

土方、会津、蝦夷と転戦
箱館新撰組へ

増えたり減ったり
モー娘。もビックリ
何度も
リクルートを
行って
水増し的に
なっていった

制服と隊旗。ダンダラ模様がトレードマーク

16

ダンダラ模様は忠義の侍の意味だ

●ダンダラ模様の羽織は有名だ

新撰組の羽織といえば、うすい浅黄色の羽織で、袖のところが白い山形のダンダラ模様がある。この羽織は有名だ。このダンダラの羽織は、芝居の『忠臣蔵』をマネしている。赤穂浪士の火事装束ふうの模様だ。『忠臣蔵』は、忠臣の侍、つまり「義に生きた男たち」だ。それにあやかって、衣装を作っている。

壬生の時代、数がそろわず、10人に2着くらいしかなかった。あとは「使いまわし」だ。当時は、みんな、あまり着たくなかったようだ。近藤や土方などは、ふだん着で見まわりをしている。

せっかくのユニフォームなのに、初期の「壬生浪士組」時代には、ほとんどの人間が着ていなかった。当時は、着物も農民時代と変わらなかった。それで、槍をかついで、市内の見まわりをしていたのだから、かなり怪しまれたのだ。

●「隊旗」は「高島屋製」で、ブランドもの

行軍のとき。やはり、ハデな「誠」の赤い文字を染め抜き、羽織と同じデザインの山形のダンダラ模様の旗を立てている。縦が4尺、横が3尺の、やや縦長で、緋ラシャだ。高島屋で作っている。

この旗を、火事場のマトイのように、人から人へと、ヒョイヒョイ投げわたす。これを大喜びでやっていたという。(『遺聞』)

●提灯《ちょうちん》も同じにする

「八月十八日の政変」(文久3・1863年)のときだ。会津藩の兵士はその様子を筆記している。「騎馬提灯へ、上へ赤く山形をつけ、誠忠の二字を打ち抜きに黒く打ち抜き候」とある。つまり、羽織のダンダラ模様を、隊旗だけでないほかのものまで、デザイン化していて使っている。表札がわりにしたともいわれるが、それはしなかった。

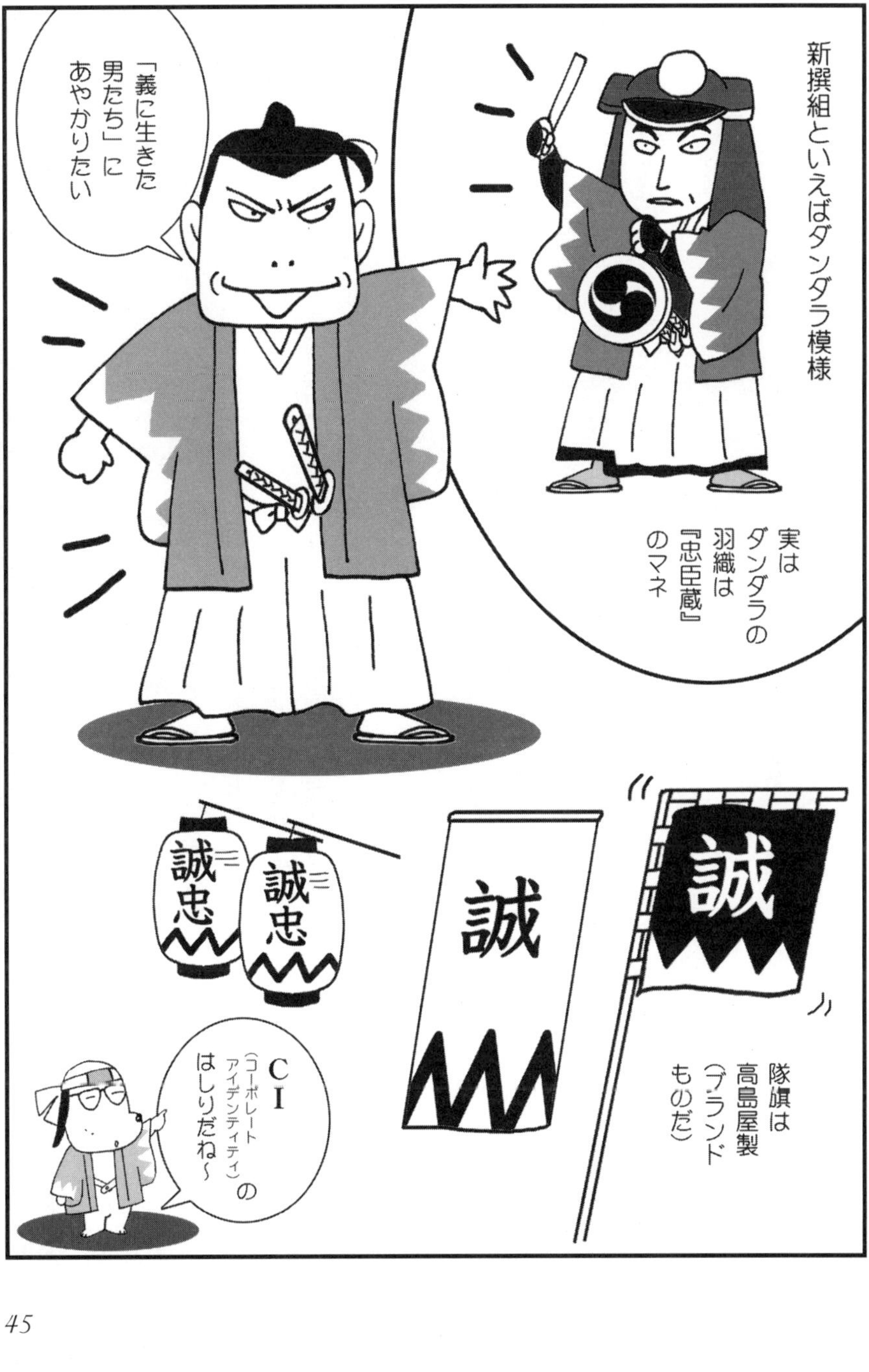
新撰組といえばダンダラ模様
「義に生きた男たち」にあやかりたい
実はダンダラの羽織は『忠臣蔵』のマネ
誠
誠
誠忠
誠忠
隊旗は高島屋製（ブランドものだ）
CI（コーポレートアイデンティティ）のはしりだね～

明確なトップの責任があるシステムだ

失敗の責任の取り方は、現代にも見られない

17

●責任が明確

新撰組の命令のシステムは、現代のシステムを凌駕《りょうが》している。それは、副長の土方の役割だ。

実は、トップは近藤だが、すべての仕事は副長に集約される。情報や作戦が監察役から土方に提案される。そこで決定してしまうのだ。

近藤は実務から切り放されているのだ。棚上げではなく、実務のわずらわしさ、命令、責任から離れている。土方の決定さえあれば、行動できるし、作戦失敗の責任も「土方」がとればいいのだ。

●じつは「奇兵隊」より現代的だ

当時、もっとも近代的といわれた高杉晋作の「奇兵隊」は、幹部が多く、じつは、命令が遅い。「合議制」のため、なかなか作戦が決まらない。しかも、失敗したとき、責任の所在がわからない。役員の数が多すぎる会社に似ている。高杉晋作に仕事が集約しているため、雑用も多い。藩の重役との仕事と、下の奇兵隊の仕事と両方をしなくてはならない。

ところが、新撰組は「上」との折衝は近藤で、下のまとめは土方だ。近藤と土方が綿密に打ちあわせる。さらに、参謀や調役などを置き、ふたりだけで、かってに決めないようにもしている。

●上司が死んでも、部下は昇格しない

組織替えが重要だった。上司が死んだ場合、その組織は、一度、こわした。そのあと、別の組織が編成される。これも、はっきり、規則で決まっていた。江戸時代、たいてい上司が死んだ場合は、下の人間が「トコロテン式」に昇格したが…。新撰組は、一度、その組織をこわし、そして、再編成をする。

リーダーの資質のない人間が、伍長や副長助勤にならないようにしてある。このあたりも「徳川の武士」とは違うのだ。

奇兵隊
高杉晋作
イラ イラ イラ イラ
作戦がなかなか決まらないよう雑用も多いし…
あーでもないこーでもない
幹 幹 幹 幹
合議制
失敗しても責任の所在が明らかでない現代の日本社会みたいだ
Cf.
新撰組
局長 近藤勇
副長にまかせた
副長 土方歳三
すべての意志決定は私だ
責任も私がとる
情報
作戦
トップダウン
組 組 組 組 組 組 組 組 組 組
組長

上下関係を超えた教育制度があった

18

下の人間が、先生になる場合もある

●募集時から特技を書きこませていた

いまでも、新撰組の「新入隊士」の募集のリストが残っている。そこには、槍や柔術、手裏剣など、あらゆる、得意な武芸がしめされている。はじめから、バラエティに富んだ採用をしていた。新撰組は「第3次新入隊士募集」まで行う。それほど、リクルートに熱心だった。

●「平」隊士でも師範になれた

新撰組は、平隊士や伍長のような職制のほかに、得意芸による分類があった。柔術師範、剣術師範、馬術師範、文学師範などがあったのだ。

仮に、平隊士であっても、「師範」になれたのだ。身分が低いものでも、「師範」となれば、その分野の先生として、ほかの人間に教えていた。「古くさい」組織では考えられない。お互いにワザを教えたため、ほかの武術まで、勉強している。以前、「吉田松陰」も牢獄の中で行っていた教育方法だ。これは、勤王方にとっては脅威だった。

●さすがに、実力者ぞろいだ

少し、各師範をのぞいてみよう。

「撃剣師範」は、沖田総司、永倉新八、吉村寛一郎、斎藤一など、ツワモノぞろいだ。「柔術師範」は、篠原泰之進、松原忠司など。篠原は油小路の事件に参加し、松原は自害した。「砲術師範」は安部十郎と清原清。「馬術師範」は安富才助。「槍術師範」は谷三十郎。「文学師範」は伊東甲子太郎、武田観柳斎、毛内有之《もうないありの》助《すけ》などだ。

最後の「文学師範」が、おもしろい。伊東甲子太郎は水戸学だ。伊東が熱心に水戸学を教えたために、新撰組内に「尊王攘夷」のブームが起きてしまった。これが、のちのち、大量の脱隊者を生む。「油小路の変」に発展していくのだ。

組長、伍長や平隊士のような職制のほかに師範制度があった
伍長
おい ここ掃除しておけ
ハイ
平隊士
じゃ 勉強始めるゾ
ハイ
ハイ
先生よろしく
では英語を読みます
せんきゅう …ありがとう
あいらぶきゆう …私あなたをすきです
平隊士でも師範になれたのだ

基本は「天然理心流」の実践中心の訓練

19 真夜中、たたき起こされて道場に集められた

●恐ろしい「闇げいこ」

まっ暗な中で打ち合う。実践的というより、まさに鬼気迫るものだ。夜中にいきなり起こされて、道場に集合させられる。そこで、暗闇の中で、稽古をさせたのだ。

さらに、「不意討ち」の稽古もしていた。隊士が寝ていると、いきなり、竹刀で打ちつけるのだ。「寝ているときも、油断をするな」といわれている。「酒を飲んでも泥酔するな」ともいわれる。近藤勇は酒を飲んでも、飲んでないように見えたという。

●真剣でしか練習しなかった

土方歳三は、沖田総司や永倉新八ほどの腕ではなかった。しかし、迫力がまったくちがう。「稽古は本番のように、本番は稽古のように」というのだ。土方は、竹刀での稽古をしなかったらしい。いつも、真剣を使った。「戦いの場面では、竹刀で戦うわけではない。日ごろから真剣で戦わないと意味がないのだ」と、いっていた。「天然理心流」の本領なのだ。辻斬りや切腹の介錯も、大切な「真剣のための稽古」だ。仮隊士などの「入隊試験」としてやらせていた。

●大勢と戦うことは怖い

「天然理心流」の恐さは、大勢の人間との対戦を考えることだ。昔の戦場では、ふたりの武将が向きあい、名乗りを挙げて戦った。まことにノンビリしたものだった。実は、幕末までこのスタイルは続いていた。「天然理心流」は違う。ひとりの人間を大勢でかこみ、「退路を断つ」ことが目的だ。確実に敵を仕留める。

芹沢暗殺でも、油小路の事件でも、確実に殺しているのはそのためだ。

反対に、近藤勇は、大勢にかこまれたり、退路を断たれることを、極度に恐れていた。そのため、新撰組は単独行動を避けていたのだ。

けいこは天然理心流
実践訓練だった
起きろ～
闇討ちの
けいこだ
やぁ
とぉ
暗闇に
慣れ
ちゃって…
うっまぶしい
だから
新撰組は
夜廻りが
トクイ

担当者が、完全に責任をおう制度がある

20

「死番《しばん》」という斬りこみのシステムがある

●「死番」におもむく当番があった

市中見まわりは、4人1組で行われていた。このとき「御用改め」がある。「御用改め」は、敵が潜んでいる場所に斬りこむことを意味する。

そのとき、もっとも危険なのが、先頭に斬りこむ人間（斬りこみ隊長）だ。

その日の責任者は「死番」と呼ばれている。どこかを襲撃するとき、どんなに敵が多くても、敵がどういう人かわかりにくいときでも、ひるまず、斬りこまなければいけない。「敵の力量を推し量ってはいけない」という不文律があったのだ。（『その時歴史が動いた』）

●輪番性で、かならずやらねばならない

「死番」は、各隊の伍長以下約10名が交代でまわってきた。1番はじめに斬りこむと、次は、2番の人間が繰りあがり「死番」をやる。4人1組だから、すぐまわってくるのだ。ただ、むやみに、「御用改め」で斬りこんでいたのではない。新撰組は、情報網によって、どこに敵がいるか、しっかり把握していた。

●池田屋事件が教訓となっている

池田屋事件（第1章）では、近藤が「御用改めである」と、声をかけ、先頭をきって、斬りこんでいる。近藤はみずから「死番」をかってでている。

「池田屋事件」の時点では、「死番」の制度は確立されていない。おそらく、これ以後に教訓をいかしたのだろう。とにかく、組織のトップが「死番」というのも無謀な話だ。しかし、ほかの藩の殿様ならば、そんな危険なことはしないだろう。

近藤は重い鎖帷子《くさりかたびら》を着て、何十人もいる2階に駆けあがる。そして、行灯の消えて、まっ暗なところに斬りこんだ。「死番」とは、なんと壮絶な行動であろうか。

市中見廻りは
4人1組で行った
御用改めである
死番
（斬りこみ隊長）
次はオレか～
死番
次はオレか～
ホッ
終わった
死番
次はオレか～
ホッ
終わった

第二章

新撰組はこんな組織だ

第三章
リーダー近藤勇はこんな人

――近藤勇がわかれば、すべてがわかる

21

馬のシッポに火をつけて遊んでいた

「なんとまあ」すえ恐ろしい子供時代だった

●生まれたころから怪物だった

天保５（１８３４）年。近藤勇は、武州多摩郡上石原村、農民・宮川久次郎の3男として生まれる。名前は宮川勝五郎という。宮川のころは、たいへんなガキだった。たとえば…。松の木はひっこぬく。犬を集めて、噛みあわせて、ケンカをさせる。馬の尻尾に火をつける。馬が驚いて、暴れるのを見て笑っている。こんなガキはいない。将来、たいへんなヤツになる、といわれていた。（『組長列伝』）

●少年・近藤勇の強盗退治

嘉永２（１８５０）年、近藤勇15才のころ。ある夜、宮川家に強盗が数人、押しいる。農家とはいえ、宮川家は苗字が許された「富農」だ。あいにく、主人の久次郎は留守だった。勝五郎（近藤勇）を含めた子供たちは隠れていた。強盗たちは「どうせ、子供はガタガタふるえているだろう」と、タカをくくっている。子供たちはただ、物陰に隠れているのではない。実は、スキをうかがっていたのだ。強盗たちは油断して、ゆっくり仕事をしてから、出ていこうとする。そのときだ。

「待て！」という声がする。強盗の前に、バラバラッと、子供たちが3人、あらわれたのだ。しかも、子供とはいえ、立派な体格だ。手にした棒きれで、強盗を打ちすえる。強盗たちは、ビックリして、荷物をおいて、逃げていったのだ。兄きが「追いかけよう」というと、勝五郎は、「窮鼠、猫を噛む、というから、追わないほうがいいだろう」と答えたのだ。

●「線香の明かり」で読書？

子供のころ、暴れん坊だけかと思うと、そうではなかった。読書が好きで、『三国志』がお気にいりだ。夜、親が線香くさいので、勝五郎少年の様子をみると、線香の明かりで、本を読んでいたのだ。

宮川勝五郎（近藤勇の少年時代）農民の息子だ
馬のしっぽに火をつけたり
やれ
やれ
犬どうしけんかさせたり
泥棒をつかまえたり
子供だと思ってナメんなよ
じつは読書家
たいへんなガキじゃ～
大物じゃのぉ～

若くして、試衛館の道場を継ぐことになる

22

のちに新撰組の若者がゾロゾロやってきた

●ついに、入門が許される

前項のように、勝五郎少年は、泥棒を撃退したかと思ったら、読書や算盤《そろばん》が好きな面もある。この末恐ろしい勝五郎の素質を、父親の宮川久次郎は見ぬく。久次郎は自宅に道場を作り、「天然理心流」の近藤周助（周斎）に、出稽古をたのんだ。ついに、16才で入門が許されるのだった。

「天然理心流」は総合武術で、三代目の近藤周助が江戸・市ヶ谷柳町に「試衛館」をかまえている。

勝五郎少年は後に周助の養子になり、四代目を継いでいる。

●今宵の虎徹は血に飢えとるわ

剣で有名なのは、近藤勇の「虎徹」だ。「虎徹」は戦国時代の刀匠だ。甲冑作りの専門家だったらしい。「鴻池善衛門に贈られた」という噂もある。池田屋のときに、ボロボロになるまで奮闘した「虎徹」はどうだったか？ 近藤が父への手紙で「無事にござそうろう」と書き残している。そののちも、鞘《さや》にスラリと入ったという。

●二刀流だったの？

近藤はかなり長い脇差を指していた。太刀も長いものが好きだったが、脇差も、2尺3寸5分と、長いものを使っている。これは、実践で太刀が折れたとき、脇差でじゅうぶんに戦えるようにするためだという。

近藤は、「荒木又右衛門が2尺8寸5分の刀を使っていた。伊賀の仇討ちで、その刀が折れてしまう。しかし、脇差が2尺5分あったため、刀同様の働きをした。脇差も大きいものにしたい」という（『遺聞』）。二刀流ではなく、スペアとして考えていたのだ。

刀のほかには鎖帷子《くさりかたびら》が有名だ。この鎖帷子は「八重鎖」で重さが3キロもあった。さらに、直系2センチの黒いボタンがついていたという。

近藤が出稽古で
着ていた
どくろの稽古着
かっこいい？
池田屋のときに
奮闘した「虎徹」
そののちも
鞘にスラリと
入ったいう
こよいの虎徹は
血に飢えて
いる
名刀「虎徹」
近藤は生涯愛用した

顔は怖いが、道場の指導の方法は優しかった

23 道場の若先生は、意外にイイヤツだった

●懇切丁寧な指導をした

近藤の指導方法はどうであったか？　近藤がいないとき、沖田総司がかわりに教えることがあった。しかし、沖田は外見はやさしそうな人間だが、実は、短気で、教え方は雑で、荒っぽかった。

そこにいくと、近藤の指導はやさしい。しかも懇切丁寧だった。そのため、多くの人が、剣の達人となっている。

顔は怖いが、京都にいたころには、勤王側から「味方になれ」と誘われることもあった。もちろん断ったが…。敵側からもスカウトされる部分を持っていた。

●道場ではいつもニコニコしていた

「道場破り」で荒っぽい人間が来ても、客として歓迎して、親切にもてなした。

道場に「道場破り」が来ると、その場にいた門弟にどんどん立ちあわせた。他流試合を嫌がる道場が多い中、神道無念流の永倉新八、槍の宝蔵院流の原田左之助など、道場でブラブラしているうちに弟子になってしまった。近藤は、試合で立ちあった場合は、「圧倒的に」強いという人ではなかった。それでも、千葉道場の北辰一刀流の山南敬助は、近藤に竹刀を飛ばされ、弟子になっている。当時、経営ばかりに懸命になっていた道場が多いなか、近藤は、真摯に剣術に打ちこんでいた。しかし、弟子たちは、剣の腕より、そのキャラクターに惚れたのだろう。（『始末記』）

●道場は「文化サロン」だ。

当時の道場は、国事、時世、情報交換、思想、人脈を広げる役目を果たしている。同じ道場の人間は結束が固い。ほかの道場からの出稽古の人間も見逃せない。いろいろな情報ももたらすのだった。近藤は、剣術だけでなく、多くの人脈と知識を吸収していくのだ。

近藤の教え方
顔は恐いけど…
誰が恐いって？
教え方はやさしくて丁寧だった
こうしたほうがいいヨ〜
沖田の教え方
顔はやさしいけど…
教え方は荒っぽくて厳しかった
おらおら
エイ
ひーえ〜

見た目や風貌は立派だった

24

顔は一流。度胸は超一流だった

●有名な話。ゲンコが口にはいった

外見は、近藤勇はリーダーとしての資質じゅうぶんだ。剣の実力者といわれる土方は「小男」だし、沖田も「やさ男」だった。リーダーの風貌としては、もうひとつだ。

近藤勇の拳骨が口の中に出し入れできた、という話は有名だ。顔だけでも、かなり迫力がある顔なのだろう。いわゆる「おしだし」の強さがあったのだ。

●実力はまままあ。度胸は天下一だった

本当に剣の実力があったのだろうか？ 自分が免許を与えた、門弟（新撰組のメンバー）のほうが強かったといわれる。しかし、なんといっても、16才で天然理心流に入門して、28才で免許を受けて、四代目の当主となった。スピード出世だ。うわさでは、兜割りの榊原健吉（直新陰流《じきしんかげりゅう》）より強かったといわれる。

だれも近藤の前に出ると、手足がすくんでしまう。剣は「下晴眼の構え」だ。体を少し反りぎみにして、腹を突きだす。剣が相手の籠手に入ると、竹刀を落としたという。（『始末記』）

●迫力は鬼気せまるものがある

「天然理心流」は総合格闘技だった。ほかの道場の「竹刀の剣術」と違う。実践剣術だ。近藤勇が他流試合をしたときのことだ。相手は、講武所の名人・本梅《ほんめ》縫之助《ぬいのすけ》だ。本梅の竹刀は近藤の竹刀をからめて、宙に飛ばしてしまった。近藤は、うしろに、2、3歩さがり、すぐに柔術の構えをとった。ほかの流派なら、「まいった！」というところだろう。近藤の迫力に、本梅が一瞬、ひるんだ。「お手並み、拝見した」と本梅は一礼した。

あとで、本梅は門弟に、「あの近藤なるものの姿勢を見たか。最後まで、勝負をあきらめない態度はみならうべきだ」といった。（『知れば知るほど』）

講武所の名人・本梅《ほんめ》縫之助《ぬいのすけ》との立合い
近藤竹刀を飛ばされる
かくなるうえは組み打ちで…
お見事！お手並み拝見した
すごい気迫だ
天然理心流は実践剣法だから最後まで勝負をあきらめない

結婚相手は器量が悪いほうがいい

独身生活を謳歌する。そして結婚へ…

25

●遊郭で遊びまくる

近藤勇が道場の若先生になったときだ。八王子の遊郭で、豪遊して、居続けをしたことがあった。ひと月以上、遊び続ける。すると、いきなり、近藤は「亭主をよべ！」と叫んだ。廓《くるわ》の若い衆は、近藤がいかにも豪胆で、迫力があるので、なにかインネンをつけられると思っている。しかし、近藤は、「実は金を持っていない。この店で働かせてくれ」といったのだ。

この廓、千代住楼《ちよずみろう》に、近藤は一生恩義を感じ、ことあるごとに大事にしたのである。（『完全制覇』）

●わざと、醜女を妻にもらう

近藤勇の結婚は27才、万延元（１８６０）年のことだ。見合いをなん度しても、近藤は結婚しなかった。ある日、器量のよくない女性と見合いをする。いままで、美人をことわり続けたが、なんと、今回は、結婚を承諾してしまったのだ。仲人は不審がって、近藤にワケをきくと、近藤は、「美人は貞淑でないのが、常である。そこへいくと、器量が悪い女性は、真心をもって男性に仕え、ひかえめなものだ。ことさら器量の悪い女性を妻に持つのは、そんな美徳のある女性を得たいからだ」と説明したのだ。

そうして、同年3月に、近藤は「つね」という女性を妻にもらう。「つね」は、一橋家の家臣で、松井八《や》十五郎《そごろう》の長女で、24才だ。一橋家の右筆の家柄で、頭もよく、2年のち長女「たま」を出産する。写真で見ると、器量は悪くはなく、けっこう美人だ。この話は、本人がそう語っていただけだろう。

3年後、近藤は上洛して、新撰組へと、歴史の渦に飲みこまれていく。

「つね」は江戸に残された。「つね」のことは、坂本竜馬の「おりょう」や高杉晋作の「おうの」ほど知られていない。

そろそろ結婚しなさい
勇の父・近藤周助
ハイ
君に決めた
うそー
シュミわる〜
美人は浮気っぽいと思っていたンだね

あの顔だが、女性関係は豊富だった

女性関係がハデで、「手切れ金」事件もあった

26

●池田屋事件が恋の原因だった

近藤勇は厳つい顔だが、かなり色っぽい噂が多い。関係があった女性は5人らしい。とくに、島原木津屋の深雪太夫と深い関係がある。この深雪太夫は、ある人に受け出してもらって、池田屋の側に囲われていた。

例の池田屋の事件で、新撰組の連中が「浪士をかくまっているだろう」と、深雪太夫宅を家捜し始める。深雪がブルブルふるえていると、近藤が入ってきて、「静かにしろ」と隊士たちを沈めたのだ。

まもなく、深雪は、再度お店に出なければいけない事情ができ、それを縁に、近藤にヒイキになってもらうこととしたのだ。(『始末記』)

●近藤勇が深雪を身請けをする

この深雪を大阪の豪商・京屋忠兵衛が身うけする。京屋は、新撰組御用達の商人だ。そして、深雪太夫に七条通り醒ヶ井に妾宅を持たせている。深雪は背の高い23、4の美人だ。

深雪の妹「お孝《こう》」がまたまた美人だ。姉妹で世話になっている。

ところが、深雪がリュウマチで、療養しているとき、近藤は、深雪に隠れて、お孝と関係ができてしまうのだった。

このことが深雪にバレる。そのため、近藤は手切れ金を出すハメになる。手切れ金は2百両で、これをもとに、深雪は長崎にお店を出すことになった。

一方、お孝のほうは、新撰組がなくなるまでズッと囲っている。お孝は「お勇《ゆう》」という名の女の子を生んでいる。

●同じように、木津屋の金太夫とも関係がある。

さらに、三本木の芸者・駒野とは子供までつくる。また、芸者・植野などとも関係を作っている。祇園石段下では、茶屋の娘に手をだしている。

近藤はあんな顔だけどもてた
口にこぶしがはいるんだヨ〜すごいでしょ♪
わ〜ステキ
御用改めでござる
お美人
深雪太夫
勤王の志士をかくまっていないか?
いません
じゃおれをかくまってもらおうかな〜
…って深雪をかこってしまった
深雪の妹にまで手をだしている

鳥羽伏見の戦いはあっけなく、惨敗する

新撰組の初めての敗戦だが、それは決定的だった

27

●侍は江戸から

慶応３（１８６７）年、大政奉還が行われる。新選組は5年間すみなれた京都をさり、大坂へとむかう。このときに、隊士が66名となり、急きょ、隊士募集をかける。

近藤勇はいつも、「侍は東国から」と、こだわっている。そのため、リクルートは江戸で行われる。会津藩からの補充もあり、１５０名になった。このあたりから、新撰組は「水増し」的になっていく。

●近藤勇の鉄砲傷

阿部十郎は死んだ伊東甲子太郎の残党だ。阿部は近藤の命をねらっている。近藤が伏見に向かうとき、阿部が撃ったタマが、近藤の肩にあたった（篠原泰之進説もある）。これがもとで、鳥羽伏見の戦いで、近藤は大坂の陣中で寝ていることになる。

●鳥羽伏見の戦いはあっけなくも…

慶応４（１８６８）年1月3日。薩長軍 vs 幕府軍の鳥羽伏見の戦いが始まるが、翌日の4日には、もう幕府軍は、総崩れしてしまった。

とにかく、近藤勇は傷の手当をしてるから、役にたたない。しかたないから、土方歳三が、たった1門の大砲で応戦する。永倉新八は決死隊として、斬りこみをする。

薩長軍は西洋式軍隊。幕府軍は甲冑姿で「やあやあ、遠からんものは、音にも聞け」とやっている。新撰組も似たりよったりだ。リアリストの土方は「これからの戦いは、槍や刀ではだめだ」と考えていたが、リーダーの近藤は、あくまで「さむらい」に理想を持っていた。

新撰組は西洋式の組織を持っていながら、活かしきれなかった。それは、近藤の理想にあったのかもしれない。

1868(慶応4)年1月3日
薩長軍vs幕府軍
鳥羽伏見の戦い
幕府軍
やあやあ
遠からん
ものは
音にも聞け
われこそは〜
どーん
薩長軍の
西洋式軍隊の前に
幕府軍は
総崩れだった
もう刀や槍の
時代じゃない

鳥羽伏見の戦いすんで、日が暮れて…

新撰組の崩壊の足音が聞こえてきた

28

●徳川慶喜、逃亡する?

徳川慶喜が開陽丸で大坂を脱出して、江戸に戻ってしまった。近藤勇は大坂城で籠城戦も覚悟と思っていたが…。新撰組の3分の2を失い、近藤も傷のため動けない。隊士40数名とともに、富士山丸で、江戸に戻ることとした。江戸に帰って、隊士は、久しぶりで深川の遊郭でドンチャン騒ぎをした。そのとき、永倉新八がケンカをして、2人の武士を斬っている。近藤勇は久しぶりに妻子と再会をしたのだった。

●またまた、水増し部隊になる

新撰組は甲陽鎮《こうようちん》撫隊《ぶたい》と名乗り、甲府城をのっとりに向かう。まだ、慶応4（１８６８）年だ。近藤勇の地位は「若年寄格」、土方歳三が「寄合席格」という、旗本と同じだ。御手許金5千両、大砲2門、小銃5百丁をたまわる。直参は原田左之助、沖田総司、斎藤一、尾形俊太郎といういつものメンバーほか20人。鳥羽伏見の戦いで多くの同士を亡くしたのだ。

甲陽鎮撫隊は2百名という大所帯だ。ところが、ほとんどが烏合の衆だった。甲陽鎮撫隊が勝沼に入ると、すでに土佐の乾（板垣）退助の軍が来ている。近藤があわてるが、もうおそい。甲陽鎮撫隊の隊士は、多数脱走してしまい、数えると、１２０人しか残っていなかった。

●「ごあいさつは鉄砲でいたす」

いよいよ、甲府城で戦いだ。援軍がくるという話もガセだった。近藤としても打つ手がない。しかたがないので、甲府城の岩倉具視に和睦の使者を出す。「お話したい議があり」と。ところが、岩倉は「ごあいさつは鉄砲でいたす」という。つまり、戦う以外にはないということだ。当然、甲州決戦は、甲陽鎮撫隊が大敗して、江戸に敗走することになる。

甲陽鎮撫隊
甲府に新幕府をつくるのだ
甲府城はすでに土佐の乾(板垣)退助の軍に落ちていた
新政府軍
1200名
ひえ〜
甲陽鎮撫隊
200名
ど〜ん
官軍の攻撃になすすべもなく甲陽鎮撫隊は大敗して江戸に敗走した

甲陽鎮撫隊も敗退して、近藤は覚悟する

29 土方以外の主要メンバーは去っていく

●そして、だれもいなくなった

甲州の戦いで、甲陽鎮撫隊はボロボロに破れる。近藤勇は、なんとか兵をまとめ、下総の流山に入る。人数は１２０人。さらに、烏合の衆の度を増している。

沖田総司は肺病で去ってしまった。原田左之助と永倉新八は「私は、あなたの家臣ではない」と、自分の「戦い」を求めて、去っていった。近藤についていくものは、土方歳三しかいない。近藤は、憔悴しきっていた。

すでに、戦いの最後を覚悟していたが、それでもなお薩長軍が「自分を、大名として扱ってくれること」を密かに期待していたのだ。

土方歳三は「それは、あまい。捕まったら、どうなるかわからない。かれらにとって、新撰組は『憎い敵』なのだ」と、思っている。しかし、言葉では近藤を励まし続けていたのだ。

●ついに、捕まった

近藤勇が下総の五平新田という場所にいたときだ。薩摩の有馬藤太という侍が、３百の兵をつれて、近藤を包囲したのだ。「何者だ」と声をかけると、近藤は「大久保大和と申す」と名乗った。大久保大和とは、晩年、近藤が使っていた偽名だ。

近藤はとても落ち着いた物腰で、有馬に同行していく。この時点では、新撰組の近藤勇とはいわなかったのだ。

●奇妙な再会

板橋の取り調べでは、まだ「大久保大和」とシラをきっている。近藤勇とはいっていない。ところが、ここに、加藤道之助というものがやってきた。「ああ、めずらしい。近藤氏ではないか」という。この加藤道之助は、油小路の変のとき、九死に一生を得て助かった人だった。

新撰組も大きくなった
いまや幕臣だ
近藤の態度は次第にエラそうになる
有力なメンバーが次々と去って行く
伊東甲子太郎一派分離独立
鳥羽伏見で敗戦
甲州攻めで敗戦の後
オレは近藤さんの部下ではない
永倉新八
原田左之助
沖田総司病気でリタイヤ
ぽつ～ん
そして誰もいなくなった
オレがいるヨ

近藤勇ももはや、これまで！

「せめて侍として死にたかった」が、斬首だった

30

●ついに、処刑の日が来る

加藤道之助に「面通し」をさせて、近藤勇ということが確定する。近藤は自害することも覚悟していた、しかし、加藤に指摘されたときは、やはり「ドキッとして、血の気がひいた」らしい。

そして、最後の日がやってくる。慶応4（１８６８）年4月25日だ。問屋場では、「きょうは、旗本が斬られる」という、ウワサが流れた。昼ごろに山籠が到着する。中から出てきた男が、顎ひげをはやしてはいるが、元気そうだ。黒の紋付を着て、縄目がかけられている。囚人としては、妙な姿だ。刑場にはムシロがひいてあり、穴が掘ってある。近藤勇はムシロにすわると、大急ぎで、月代《さかやき》とヒゲをそらせ、「なかなかやっかいになった」と声をかけた。そこで、斬首になる。享年35才。

近藤の最期は士分として扱われなかった。切腹ではなく、単なる罪人として、斬首された。そのうえ、「晒し首」だった。首は、京都へ送られ、三条川原にさらされる。そのあと、大坂千日前にもさらされた。

近藤勇の「晒し首」はかなり評判になったらしく、連日、見物人が大勢やってきたという。

●3つの墓碑がある

体のほうは、刑場に埋められていたのだが、身内のものが「かわいそうだ」と、番人に金をやって、掘り返し、棺桶にいれて、上石原の竜源寺に葬っている。これは「首なし死体」だ。

もうひとつの墓は、板場の刑場に石碑がある。これは、近藤勇が処刑になったとき、死体が埋められていた場所だ。

さらに、もうひとつは会津にあるが、これは、死体とは関係ない。近藤勇と土方歳三の墓というが、いわゆる石碑である。

近藤勇
流山で捕まる
もはやこれまで
土方、近藤の延命に奔走するが
かなわなかった
勝海舟殿
いま
忙しくて…
1868年4月11日
江戸城無血開城
4月25日
近藤勇
斬首
最期は
さむらいらしく
かっこよく
切腹したかった…
けっきょく
罪人として
晒し首になった
京都三条河原で
さらされた
近藤の首の図
（資料／小島資料館蔵）

第三章

リーダー近藤勇はこんな人

第四章
「燃えよ剣」の副長・土方歳三

——土方こそ「真のリーダー」かもしれない

商売を点々とした「バラガキ」

土方は近藤勇以上の悪ガキだった

31

●「バラガキ」が生まれる

天保6（1835）年5月5日。多摩郡桑名村石田の農家に、元気な男の子が生まれる。6人兄弟の4男である。これが、土方歳三だ。

自由。快活。野性味…。手のつけられない暴れん坊を「バラガキ」という。土方歳三は「バラガキ」だったのだ。11才のとき、上野の伊東松坂屋に奉公にでる。

ところが、番頭とケンカして、実家に帰っている。17才で、もう一度、小伝馬町の呉服屋（質屋）に奉公する。ところが、店で働いている女性と関係ができ、追い出されてしまう。とんでもない少年だ。

●石田散薬は河童明神のおつげ？

そのあと、土方の実家で、製造販売していた「石田散薬」という薬の行商にでる。

この「石田散薬」はけっこう効果があったらしい。土方は「石田散薬」を新撰組の隊ごとに常備させていたという。打ち身、捻挫、切り傷に効く。新撰組にはケガや病気はつきものだからだ。「石田散薬」は、土方家の先祖が河童明神のお告げによって作ったという、由緒ただしい薬だ。お酒といっしょに飲まないと、効果がない。

原料は、近くの浅川の川原に生える牛革草という草を、土用の丑の日に刈り取って、黒焼きにする。その草を刈り取ることが、土方家の年中行事になっていて、村じゅうの者が手伝わされたのだ。

その音頭取りを土方がやっていた。土方は、刈り取り、運搬、整理、乾草と、担当を分け、機能的に働かせていた。維新後も、飲まれていたというから、ファンはいたんだろう。

しかし、土方は、行商よりも剣術のほうに興味があったのだ。甲府、伊勢原、川越と行商に歩いたが、道場があると、他流試合をして歩いた。

石田散薬
河童印
打ち身、捻挫、切り傷に
お告げじゃー
大明神
河童明神
土方家の先祖
「石田散薬」は土方家が河童明神のお告げによって作った薬
維新後も飲まれていた
原料を取るのは村の年中行事だ
あーしろ
こーしろ
しきる土方少年
後年役にたった
あーしろ
こーしろ
しきる副長

近藤との出会いが人生を変える

32

剣術好きが、近藤との運命的出会いを生んだ

●行商はそっちのけで、剣術修業

葛を背負って、薬を売る。土方歳三は行商は熱心ではなく、道場を見かけると、飛び込む。とにかく、勝負をしてもらい、腕を磨いていった。

じつは、奉公先をクビになってから、実家にあまり帰っていない。姉の嫁ぎ先の佐藤彦五郎の家にいりびたっていた。

この彦五郎の家は剣術の道場を持っているからだ。しかも、その道場では、試衛館の若先生に出稽古にきてもらっているのだ。

試衛館の若先生とは、近藤勇である。奉公先を首になった土方が、彦五郎の家にきていて、近藤と運命的な出会いをしたのだった。年齢は、近藤がひとつ上という。

●試衛館の四天王といわれる

25才で、試衛館に入門する。とにかく、行商そっちのけで、佐藤家に居候しっぱなしだから、メキメキ強くなる。佐藤家は姉の嫁ぎ先だから、迷惑な話だ。

土方歳三といえば、面のうしろで、真紅の紐を長くたらし、朱塗りの皮胴をつけていた。オシャレな防具だ。しかも、道場によくある、型にはまった竹刀剣法ではない。自由自在で、負けを知らないケンカ剣法なのだ。もともと、「天然理心流」は実践的な総合格闘技である。土方の剣法のセンスはここで磨かれたのだ。

●剣の達人

土方歳三は、剣の天才であり、達人だ。ところが、まわりの人はそれほど認めていない。剣というと、沖田総司をいちばんとする。または、他流ではあるが、永倉新八だ。試衛館では、師範代はあくまで沖田である。じつは土方は「免許皆伝」も取っていない。そんなものは、いらないのだった。免許皆伝は10年はかかる。沖田は若くして、免許皆伝を受けている。

バラガキ
土方歳三
さからう奴は
殴る
バラガキとは
手のつけられない
暴れん坊のこと
奉公先の番頭と
けんかして
番
くびだ！
ぽい
11才
奉公先の女性と
カンケイして
くびだ！
ぽい
17才
しかたない
故郷《くに》へ
帰ろう
姉の嫁ぎ先の
道場
やあ
エイ
試衛館の近藤が
出げいこに
きていた
運命の出会いだ

33 自由自在の剣だった

強いだけでない。絶対、負けない剣

●自由自在な剣

近藤勇の剣は豪胆で、迫力で相手を圧倒していった。沖田総司の剣は直線的で、俗に「三段突き」といわれる。土方歳三の剣は自由闊達な剣だった。

「型にハマッた道場剣法では、実践に役立たない」と考えていた。しかも、ある時期から、竹刀を使わず、道場でも真剣を使っていたというからスゴイ。

試衛館に道場破りが来たときのこと。それほど強そうな相手ではないのに、剣の達人の土方は、ほかの道場に助っ人《すけっと》を頼みにいったのだ。

助っ人に、自分のかわりに試合をしてもらい、追いかえしてもらった。土方なら、かんたんに追いかえせるだろうに…。じつは、土方の剣は「殺人の剣」だ。強すぎる。道場の試合で、無益なケガ人を出したくなかった。いかにも、自由自在だ。

●脇差も長い

土方の剣は「和泉守兼定《いずみのかみかねさだ》」。2尺8寸。鍔《つば》には梅の花が1輪。鞘《さや》はえんじ色。そこに、鳳凰と牡丹が描かれている。脇差は、堀川国広で1尺9寸。かなり大きい。剣は、箱館戦争で、お金と写真といっしょに市村鉄之助に託し、東京・日野の実家に届けられている。

●互いの人生を変えた

近藤という、師とあおぐ人物の出現が、大きく土方の人生を変えた。1才上というだけで、剣の師匠としてだけでない、人間的な面で影響を受ける。友達のように、仲がよかったようだ。

土方はリアリストで、冷たく、合理的で、人間関係もうまくない。しかし、近藤は、ロマンチストで、情にもろく、暖か味があり、人望がある。土方は、清河八郎とともに上洛するときも、近藤の魅力にひかれ、つきしたがっただけだろう。名簿には「浪人」としか書かれていない。

めっぽう強かった
ひえ〜
和泉守兼定《いずみのかみかねさだ》
スパッ
けいこは真剣

近藤と対照的だから
気が合ったのだろう
土方歳三
リアリスト
合理的
クール
美形
近藤勇
人情派
ロマンチスト
剛胆
ぶ男
ぶ男とはナンだ
香取クンが
演るんだゾ…

婚約相手とは、どうなったのか？

天下国家のため、結婚を取り止める

34

●役者のようないい男だ

いまでも、写真が残る。近藤勇はでっぷりして、豪胆だ。しかし、土方歳三はいかにもキリッとして、いい男だ。新撰組には「美男」が多い。土方の美男ぶりは、いかにもクールだ。身長は5尺5寸（165センチ）で、当時とすれば、スラッとしている。

試衛館時代には、「色白で、猫背で、役者のようだ」と、いわれていた。「猫背」というのは、武術の型かな？17才のころ、奉公先（呉服屋）の、下働きの女性と関係している。かなりモテたのだろう。

●恋文の山だった

京都から、土方歳三は試衛館の門弟に、小包を送ったことがある。そこには、「いいものをあげるよ」と書いてある。門弟は心をときめかせて、小包みを開けてみる。すると、中には、京都や大坂の芸者や遊女から送ってきた、恋文やプレゼントが入っていたのだ。

祇園に数人、北野、新地に、かなりの数の女性がいたという。名前もわかっている者もいる。

●天下のため、婚約を破棄する

上洛前の土方の許嫁《いいなずけ》は、「お琴」という。三味線ひきの娘だ。内藤新宿に近い場所に住んでいた。評判の美人で、長唄の腕もよい。土方の兄は、お琴の店から三味線をよく買っていた。

家族ぐるみのつきあいで、結婚というところまでいく。しかし、土方は乗り気じゃない。じつは、もう試衛館では、天下国家の話が盛りあがっている。自分ばかり結婚どころじゃない。

土方はお琴に別れを告げた。お琴も土方の気持ちがわかり、ついに、結婚の日は来なかったのだ。上洛のあと、一度、故郷に帰るときがあり、そのとき、会っている。その後は、二度と会うことはなかった。（『完全制覇』）

勝手に診断
もてもて度マトリックス
父親度
子供度
クール（知性派）
ホット（人情派）
やっぱり一番もてるのはオレだな
あなたはどのタイプがお好み？

池田屋事件でも、判断力がさえる

35 近藤の危機をトッサに感じた直感力

●冷徹な土方歳三は、拷問もこなす

池田屋事件のとき。どこで勤王方が打ち合わせをしているか、場所がわからない。ところが、古道具屋をやっている古高俊太郎という男があやしい、ということがわかったのだ。早速つかまえて、吐かせることにするが…。こういうとき、土方は危険な男だ。古高が、バカにした態度を見せたものだから、土方は切れてしまった。「なにを…!」と。

古高を天上の梁にさかさ釣りにして、足の裏に5寸釘を差し、その釘に、百目ろうそくを立てた。その「ろうそく」のロウがタラタラ垂れるようにしたのだ。

さすがの、古高もこれには驚き、わずか1時間で白状することとなる。

その計画は想像を絶するものだ。実は、強風の日をねらい、京都の数カ所に火を放ち、町じゅうを火の海にするという。そして、会津候、反勤王の大名を血祭りにするというのだ。勤王方は、まさか古高が口を割らないと思っていたらしい。土方の拷問がそれほど効いたのだ。(『始末記』)

●「勤王のヤツらはどこにいるんだ?」

困ったことが続出する。まず、直前に8名脱走している。さらに、夏負けのため、数人病欠している。もっとまずいことに、かんじんの勤王の志士たちが、いったいどこで、集合しているか、その場所がわからない。候補は池田屋と四国屋だ。近藤勇は、大半(20名)のメンバーを土方につけて、四国屋へ向かわせた。このあたりは、いかに、近藤が土方を信頼しているかがわかる。

ところが、四国屋ではなかった。ここで、とっさに、近藤の危機を察知した土方は、池田屋に援護に向かった。土方が池田屋に到着したときは、近藤は、かなり危機的状況だったが、なんとか近藤の危機を救えたのだった。

古道具屋の古高俊太郎
じつは勤王の志士
勤王のヤツらはどこに集まるんだ
吐け
しらない
あとはオレにまかせろ
ぎゃー
ヴェ〜〜
助けて〜〜
土方のゴーモンなんて恐すぎて見たくない…

土方中心の組織作りをしていた

自分が「命令」する。「責任」は自分でおう

36

●土方のリアリストぶりは組織作りで見せる

　組織論（第2章）で説明したが、新撰組の組織のすばらしさは、この時代、ほかに例をみない。機能的に活動させ、命令の速さ、責任の明確さ、すべて、土方の考えにあった。土方中心の組織作りといっていい。多くの組織は、リーダーシップ型か、合議制か、どちらかだ。

　ところが、新撰組は違う。おのおのの隊を受け持つリーダーがいる。組長（副長助勤）だ。これらを束ねているのが、土方だ。すべての命令は、副長である土方から発せられる。「最高執行責任者」だ。作戦、行動、情報、責任は、土方に集約されている。

　近藤は、直属の部隊を持たないし、直接の業務に参加しない。近藤は、下部組織から完全に切り放されているのだ。

●土方の、自分勝手にできたか？

　それでは、組織を私物化することができたか？　それはできない。つねに、近藤が土方の真上にいて、土方をチェックしていたのだ。ただ、近藤はあくまで、最高責任者である。「執行責任者」と「最高責任者」を分けることで、土方は、合理性を発揮できた。

　近藤は、カリスマ的、人情的、ロマンチストである。人を引きつけるが、組織作りや、機能的な判断力がない。「なにわ節的」だ。そんな近藤の利点を活かしつつ、土方中心の組織を作ったのだ。

　会計も別組織だが、これも土方の管理である。近藤も、会計に従った。「出張のときの仮払い金」をもらうのは、近藤でも会計の許可がいる。勘定方の河合耆三郎が帳簿をごまかしたとき、チェックしたのは土方だ。結局、河合《かわい》耆三郎《きさぶろう》は切腹。この河合の帳簿ごまかし事件の原因は、近藤にあるともいわれている。真相はわからない。

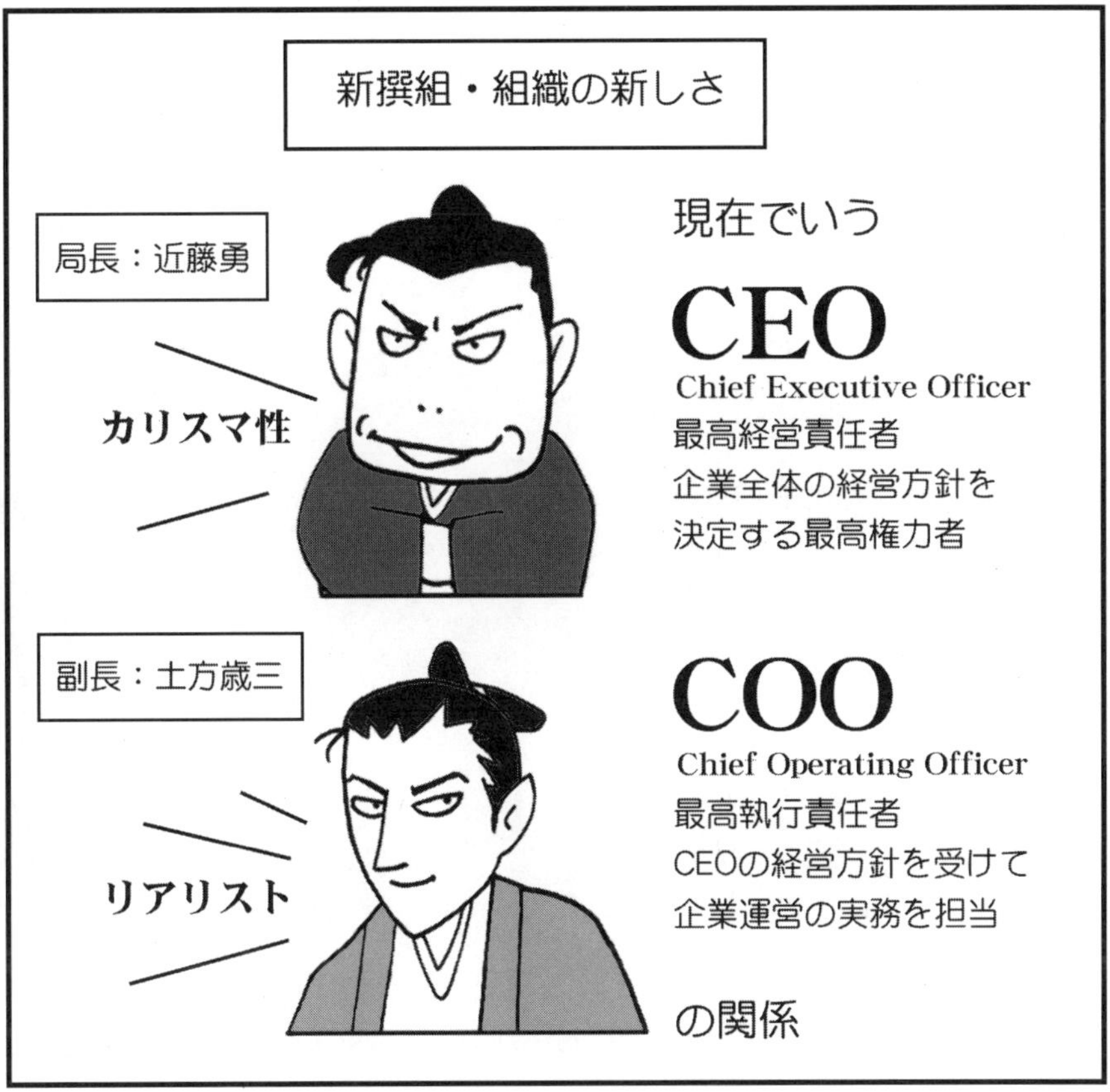
新撰組・組織の新しさ
局長：近藤勇
カリスマ性
現在でいう
CEO
Chief Executive Officer
最高経営責任者
企業全体の経営方針を
決定する最高権力者
副長：土方歳三
リアリスト
COO
Chief Operating Officer
最高執行責任者
CEOの経営方針を受けて
企業運営の実務を担当
の関係

たとえば
阪神　星野監督
COO
阪神オーナー
きばってくれや～
CEO
…のようなもの

油小路の事件で見せた計画性

もう一度、「近藤中心」に戻すために働いた

37

●軍師をワナにはめた

軍師・伊東甲子太郎は「御陵衛士《ごりょうえじ》」となって、新選組から、分離独立を行った。「御陵衛士」は天皇の墓を守る兵隊だ。近藤勇はもともと「尊王」にあつい。反対はできない。しかし、土方は違っていた。伊東の計画は、あくまでも、勤王との合流だ。そのために、新撰組から離脱したい。しかし、脱隊禁止の法度があるから、殺されても文句がいえないのだ。伊東らは近藤勇を殺して、勤王への土産にしようとしている。

●土方の逆襲始まる

土方は「伊東を含む御陵衛士を粛正しよう」と考えた。土方の考えでは…。まず、裏山から大砲をぶっぱなし、伊東らがひるんだところを、表門から小銃で殲滅《せんめつ》しようというのだ。近藤が「そんな大騒ぎを起こしては困る」とたしなめた。

伊東は軍師で頭がよく、しかも北辰一刀流の使い手だ。簡単な誘いではのってこない。そこで、「和解したように見せかける」というワナにかける計画を、考えた。

まず、伊東を近藤の妾宅に誘い、イヤというほど酒を飲ませる。足下がふらつけば、頭もきかないし、腕も使えない。

伊東の後ろから、闇の中から飛びだしてきたのが大石鍬次郎《くわじろう》だ。土方の命令で追いかけてきたのだ。この大石は「人斬り鍬次郎」といわれる人斬りのプロだ。大石は伊東を斬り捨てた。

●土方、伊東の部下も粛正する

伊東の部下である「御陵衛士」の面々を誅殺する。これも計画的だ。伊東の死骸を油小路の交差点まで運ぶ。そして、隊士35人を近くの民家に忍ばせ、見張らせる。伊東の部下が、伊東の死骸をとりに来たところを、隊士が取り囲んで、抹殺したのだ。

伊東甲子太郎は近藤局長の暗殺を企てております
スパイ 斉藤一
粛正だ
酔っぱらわせて大石鍬《くわ》次郎に斬らせる
大石鍬次郎
伊東甲子太郎
いちおう剣の達人なので…
伊東の死体をおとりに死体を取りにきた仲間を斬殺
おとり
これが油小路の変です

近代的合理性の持ち主、土方歳三は苦悩する

土方はケガの近藤にかわり、リーダーになる

38

●近藤が伊東の残党に撃たれる

御陵衛士の誅殺計画はほぼ成功したが…。全員が死んだわけではなかった。伊東に信奉があつい阿部十郎が生きている。阿部は近藤を執拗《しつよう》につけねらう。ズドン！　ついに、阿部は、伏見にむかう近藤を一撃したのだ（篠原泰之進説あり）。

近藤は肩に大ケガをしてしまう。リーダーの近藤が指揮をとれない。近藤は、土方に指揮をたのむ。もともと、土方の役目は指揮命令だが、それは、近藤があってからこそだ。今度は代行だ。

●「鉄砲が足りない」と、土方はなげく

土方は、隊士全体を伏見奉行所に集めた。そして、演説する。「これからが、戦いの山場だ。これに負けたら、新撰組の明日はない」と。

ここで、問題が2点あった。

1点は「新撰組は、もともと『警察』であり、『軍隊』ではない」。だから、圧倒的に、隊士や武器が足りないこと。

もう1点は、「近藤の考え」にある。近藤はロマンチストで、「さむらい」は刀と槍で戦うものだ、と考えていた。土方も近藤にさからえない。

土方は、もし多くの隊士と武器をあたえられ、洋式の軍事戦略をまかされたら、互角に戦う自信がある。

●戦いに負けた土方は、洋装、断髪をする

慶応4（１８６８）年1月。鳥羽伏見の戦いは始まる。しかし、薩摩軍の圧倒的な火器のために、新撰組は、いきなり多数の死者を出す。新撰組には、大砲が1門で速射ができない。土方は激戦のあと、自分の正しさをさとる。「もう、刀や槍の時代ではない」。下総流山の戦いで近藤は捕まり、処刑される。

このあと、土方歳三は洋装して、しかも断髪をして、オールバックに変えたのだ。

鳥羽伏見以降
新撰組は敗走を
続ける
近藤は捕まり
処刑された
もう
刀や槍の
時代ではない
ずいぶん
変身したな~
土方は洋装して
断髪して
オールバックになった

仙台で新撰組の再結成を目指す

「総督」になったが、新撰組はすでにナシ！

39

●大出世！「副長」から「奉行」になる

近藤亡きあと、崩壊後の「新撰組」の行動はすべて、土方歳三の判断にゆだねられた。北に向かった土方は仙台で榎本武揚に出会う。榎本は幕府海軍の最高責任者だ。軍艦も8隻を保有していた。

土方はほとんどの隊士を失っている。兵力が欲しい。榎本は、実力のある指導者を求めている。榎本は「奉行になって欲しい」といった。土方は、よろこんで受けたであろうか？

土方は「指揮をするときは、『生殺与奪権』がなければいけない」といったのだ。ありがたく受けるが、「命令に違反した者を斬りすてる」という。あくまでも、新撰組の副長だった。箱館政権では、選挙で指揮官になっている。

●25人の新撰組が仙台に集結する

途中で、会津戦争、宇都宮などを経て、仙台についたときは、新撰組はバラバラになっていた。これから「最果ての地」の蝦夷を目指す。慶応４（１８６８）年が明治と改まる。それにしても、残った新撰組はひどい。主だったメンバーは、伍長の島田魁、勘定方の安富才助、監察の尾関泉だけだ。副長助勤クラスはだれもいない、あとから、捕えられていた相馬主計と野村利三郎がやってくるという。しめて、25人だ。「これでは、もう新撰組じゃない」「そうだ！　困ったときの新人募集だ」と考えつく。土方は得意の「新入隊士募集」をしたのだった。

●蝦夷地を求めて、ぞくぞくと希望者がくる

新入隊士を募集して、はたしてくるのか？　じつは、このころ、桑名、唐津、備中松山の家臣が「蝦夷地に行きたい」と希望する者が多かった。しかし、許可なしには行けない。そこで、土方は「新撰組に入れば、蝦夷地への渡航を許可する」と、誘いをかけたのだ。

榎本武揚
幕府海軍の軍艦奉行
軍艦４隻を率いて蝦夷へ
蝦夷に独立国を創ろう
榎本は選挙で蝦夷共和国の初代総裁に選ばれた

五稜郭で、もっとも輝いた瞬間があった

「箱館新撰組」が最後の新撰組

40

●土方は本心を吐露する

「新撰組に入れば、蝦夷地への渡航を許可する」という誘いにのった三藩の家臣は、続々渡航を希望してきた。参加者は百名を越え、箱館新撰組への準備がスタートをした。しかし、もう、ここには近藤勇もいない。沖田総司もいない。原田左之助や永倉新八もいない。新撰組とは名ばかりではないか？

　土方が嘆いているところに、医師の松本良順がやってきた。松本は土方に、「もう、幕府はほっといたって、崩壊する。キミのように有用な人間は、江戸に帰りたまえ」と、いう。

　土方は、それに答えて、幕府が倒れようというときに、ただ、旗色が悪いからといって、だれも命がけで戦おうとしない。それは、恥ずかしいことだ。勝算があるなしとは、関係がない。そして、土方は、「私は、無能だから、国家に殉じるしかない」と、いい切ったのだ。まさに、新撰組の精神なのだ。

●五稜郭に入城する

　土方は仙台をたち、明治元（１８６８）年10月に箱館に到着。松前城の戦いで勝利する。そして、翌、明治２（１８６９）年４月。本格的な箱館戦争に突入する。二股口の攻防でも勝利。しかし、海軍力の差は歴然だ。新政府軍の艦砲射撃で、ついに敗色濃厚になってしまった。

●遺品をたくしたとき、すべてが終わる

「陸軍奉行並」になった土方歳三は、すでに「新撰組の土方」ではない。戦局の悪さが肌でわかる。

　明治２年５月５日。陥落のときがやってきた。すでに、土方は最後を覚悟している。土方は新撰組の隊士・市村鉄之助を部屋に呼んだのだ。そこで、金子、刀、写真を日野の実家に届けるようにたのむ。そのあと、土方は敵弾にあたり、最後となった。享年35才。

箱館軍vs新政府軍
箱館軍の敗色は濃厚だった
これを日野の実家に届けてくれ
市村鉄之助　16才
土方は最後を覚悟していた
明治2年5月5日敵弾にあたり戦死享年35才

第四章

「燃えよ剣」の副長・土方歳三

第五章 新撰組のスターたち

——近藤、土方以外にもこんなにいた英雄たち

「三段突き」の沖田総司はすごいヤツ

剣の天才といわれる美剣士の正体

41

●わずか9才で、天然理心流を始める

天保13（1842）年、陸奥白河に、藩士の子供として生まれる。姉の「みつ」が武州日野の農民の井上林太郎に嫁ぐ。この井上家の親類に、のちの新撰組の隊士の井上源三郎がいる。この源三郎のコネで、嘉永3（1850）年、わずか、9才のときに、試衛館にあずけられる。天然理心流入門である。

●「三段突き」とはなんだ？

沖田総司の三段突きは、有名だ。ところが、内容はよくわかっていない。たとえば、こうだ。「面、胴、籠手を同時に打つ」。または、「突く、刀を抜いて、また突く。これを1動作で行う」というのだ。

いずれにしても、2回ないし3回、打ち込む。しかし、沖田の三段突きの足拍子は1回しか聞こえなかったという。沖田の得意は「左晴眼《せいがん》の構え」だ。この構えは、左の肩を大きく引いて、右肩が大きく前に出るようにする。かなり極端な半身で、ついてくる相手の力を利用して、下から、スリ上げるように撃つのだ。

沖田のモットーは真剣勝負だ。出稽古でも、よく相手にケガをさせた。沖田は「剣で斬るな。体で、斬れ」とよくいったものだ。沖田は神童といわれ、10代で免許皆伝になっている（免許皆伝は10年かかる）。20才で試衛館の「師範代」になる。ナンバー2の土方は、師範代でもなければ、免許皆伝すら受けていない。

（『知れば知るほど』）

●それほどの美男ではなかった？

沖田は、小説や映画などでは、病弱な美青年に描かれている。しかし、実際は、それほどの美男ではなかった。近藤が述べる沖田の人相は「ヒラメのような顔」という。しかし、その危機迫る剣と、優男ぶりは、やはり「美剣士」といっていいだろう。

映画やテレビでは沖田総司は二枚目なのがお約束
こんなイメージ
剣の腕は天才的
三段突きだ~
明るくて優しくて子供好き
ゴホゴホ
病弱　短命
少女マンガのヒーローにピッタリだね~
沖田はヒラメのような顔だった
ひらめ~?
写真がないので本当のところはわからないのだ

もっともっと沖田総司を語る

42 かなしい、その愛と死をみつめて…

●「暗殺剣」でも子供には弱い

新撰組にも、休日がある。非番の日には、沖田は子供と遊び、遊郭へも行かない。とても子供好きだったのだろうか。こんな話がある。

芹沢鴨を暗殺したときのことだ。沖田は、事件の巻き添えで、勇之助という罪もない少年の足をケガさせてしまった。

事件のあとで、沖田は勇之助のケガを心配して、その子のところへ見舞いに行ったのだ。暗殺を企てるときでさえ、ひとりの少年のケガにも気を配っていたという。

●沖田、たった1度の真剣な恋愛

沖田総司は医者の娘と恋に落ちた。そのことを知った近藤勇は「武士と医者の娘をいっしょにはできない」という。近藤はその女性を商家に嫁がせた。しかし、沖田はこの女性を真剣に好きだった。ふだんは、沖田は明るく冗談をいうが、話がこの娘のことになると、へんにマジメになり、涙を落としたのだ。

慶応３（１８６７）年に、「沖田氏縁者」という人が死に、沖田といっしょに埋葬されている。その人がこの女性だとの説もあるが、確証はない。（『完全制覇』）

●死を暗示する黒猫の話は有名だ

慶応４（１８６８）年5月30日。沖田は植木屋の納屋で死ぬ。享年25才。沖田が死ぬ３日前のこと、たいへん気分がよかった。庭にでてみると、大きな梅の木の上に大きな黒猫がいる。ジッと、沖田を見ている。縁起が悪いと思ったか、世話をしている婆さんに、「あの猫を斬ってやる」といって、奥から愛刀を持ってくる。しかし、唇は震え、息はハアハアいって、斬れなかった。翌日も、黒猫がやってきて、梅の木の上にいた。沖田は、なんとか斬ろうとしたが、ついに斬れなかった。翌日、絶命した。

たった一度の真剣な恋
町医者の娘
近藤に引き裂かれた
ダメ
1868年5月30日病死
肺結核だった
享年25才
命びろいしたぜ
沖田の墓は専称寺（港区元麻布）にある
バレンタインにはチョコレートが山のように届く

「死にそこない」と仇名がある原田左之助

「日清日露の戦いに参加した」という伝説もある

43

●切腹のマネをして、本当に腹を斬る

「神話の男」が原田左之助だ。直線的に攻撃する、彼の剣は有名だ。「斬れ！　斬れ！」が口癖というくらい、何をするかわからない。天保11（１８４０）年に、伊予松山で生まれる。

17才のとき、原田は将校の従卒であったのに、酒を飲んで、暴れて帰ってきた。そのゴーマンな態度に、上司から、猿グツワをかけさせられ、水をザーザー浴びせられるという、お仕置を受けたのだ。まるで子供だ。

さらに、人から「切腹の作法も知らないくせに…」とバカにされ、「ああ、それなら、腹を斬ってやる」といって、本当に斬って、まわりをあわてさせた。傷が浅くて、コトなきをえる。槍は宝蔵院流でかなり強かった。

●日清、日露戦争に参加？

芹沢暗殺、池田屋事件、油小路の変、禁門の変など、多くの事件や戦争に参加している。さらに、上野の彰義隊にも参加した。おそらくこれが最後だろう。原田は、29歳で夭折したという。

しかし、瓦解した新撰組のあと、なんでわざわざ、彰義隊に参加したのか、最後まで「斬りたかった」のだろうか。

原田には不死伝説がある。

上野戦争のあと、原田は下関から、朝鮮半島にわたる。それから、大陸の鴨緑江《おうりょくこう》に達する。そこで、馬賊に入り、6百人をたばねる親分になる。

ところが、日清の状況が悪くなると、日本の特務機関として働き、馬賊隊となり活躍する。中国の大地に、元気な老人の姿があり、この老人こそ、原田左之助といわれている。さらに、ロシアとの関係が悪化すると、原田はロシアの大地を駆けまわり、要人と折衝する。伝説とはいえ、60才以上生き抜いて、日清日露の戦いに参加したというのは痛快だ。

原田左之助
けっこう美形だったらしい
槍は宝蔵院流でかなり強かった
「斬れ！　斬れ！」が口癖
斬れ斬れ
最多出場ＭＶＰ
主だった事件にすべて参加している
芹沢暗殺
池田屋事件
油小路の変
禁門の変
最後は彰義隊に参加戦死したとされているが…
彰
不死伝説がある
大陸に渡り馬賊になった日清日露戦争に参加したとか…
オレは死にそこないだからな

殺された初期リーダー・芹沢鴨

たんなる悪人じゃない。不思議な魅力がある

44

●強くて、エラくて、スゴイやつ

文政13（１８３０）年に、芹沢鴨は水戸玉造の郷士の3男に生まれる。成長して、水戸の勤王派・天狗党に参加する。このとき、部下3人と意見が対立して、ムカッとして3人とも斬ってしまった。さらに、芹沢は、鹿島神宮に参拝したとき、「神宮の太鼓が大きくて目障りだ」といって、鉄扇でたたき壊したのだ。

幕府は、天狗党をニガニガしくおもっていたので、この芹沢の行為を「神に対して不遜だ」とした。芹沢は太鼓の件はなんとかごまかしたが、3人殺したことは許してもらえない。ついに死罪ということとなる。ところが、清河八郎の献策（第1章）で、大赦がでて、助かった。仲間数人をつれて、上洛する。そのとき、近藤勇など、のちの新撰組の人間に会う。

●「おれの宿がない！」と、芹沢がむくれる

山岡鉄舟は幕府の大物だ。その山岡が清河八郎といっしょに上洛することになる。

上洛の3日め、近藤勇の手違いで、芹沢の泊まる宿を予約していなかった。芹沢はダダをこねて、「オレが泊まるところがないなら、ここで野宿する」といいだした。さらに「寒いから、火を炊こう」と、宿場の前で、火事になるほど盛大に火を燃したのだ。

近藤も自分のミスで予約してなかったから、あやまりまくったが、もう「だだっ子」のようで、許してもらえなかった。すると、山岡が「おれが辞任して、江戸に帰る」といいだした。幕府の巨魁を怒らせたら、どうなるかは、芹沢でもわかる。それでなんとか、静まったのだ。

その様子を近藤派の男たちがジッと見ている。のちに、彼らによって、初期の有力者である芹沢鴨は、粛正された。

出会いから、たった7か月。文久3（１８６３）年9月18日だ。

芹沢鴨の悪業ぶり
浪士隊が京に上るとき
わしの宿がないだと～!? 野宿は寒いから火を炊け
旅籠が火事になりかけた
予約係の近藤のミス
すみません すみません
大和屋焼き討ち
相撲取りとの大げんか
京都守護職は近藤らに芹沢暗殺を命じた
芹沢鴨　粛正

明治を生き抜いた・永倉新八

新撰組を語り継いだ男。最後は近藤勇と決別する

45

●もっとも剣にすぐれた男だった

明治期を生き抜いた隊士も何人かいた。代表的な人物は永倉新八だ。天保10（１８３９）年に、松前藩士の子として生まれる。神道無念流の免許皆伝。愛刀は「手《て》柄《がら》山《やま》繁《しげ》」という。ダラリと刀をたらす「ノーガード戦法」が得意の型だ。

あるとき、土佐の居合い抜きの達人・中井尚五郎と立ち会ったことがある。永倉は得意の「ノーガード戦法」で対峙する。面との胸のあたりはガラ空きだ。

中井は「スキあり！」と、居合い斬りで刀を真横に払った。永倉は、一瞬早く、その刀をハネ上げ、大上段から斬り下ろした。これぞ「龍尾剣」という。中井も達人だ。なんとか、この剣をかわした。

永倉は、試衛館の師範代・沖田総司より、剣では少し優れているといわれている。池田屋事件では、沖田総司と藤堂平助がけがで離脱して、ほとんど、近藤と永倉で、持ちこたえたのだ。

●「近藤さん。おかしいよ」と異を唱える

新撰組が鳥羽伏見の戦いに破れ、「甲陽鎮撫隊」と名をかえて、甲州で戦うが、敗戦する。隊士たちは江戸の本所に集まるが、わずかに、永倉ほか10人だった。ここで、近藤は「新撰組」の名にこだわり、会津に吸収されることを望んだ。永倉は「わたしは、近藤さんの部下ではない。『同士』だ」といった。永倉は、「もはや、名にこだわることは無益だ」と考える。

ここで、近藤と別れ、「靖兵隊」を名乗り、奥州など各地を転戦する。

近藤は死に、新撰組は滅亡する。明治9年に、永倉は東京板橋に近藤と土方の追悼碑を立てる。その後、北海道にわたり、監獄で剣道を教える。さらに、上京して剣道の道場を開く。永倉が書いた資料は後世の重要な文献となった。大正４（１９１５）年。77才まで生きる。

永倉新八
神道無念流の免許皆伝剣豪だ
沖田より腕がたったといわれている
ノーガード戦法
龍尾剣だ
甲州攻めのあと近藤らと分かれ「靖兵隊」として戊辰戦争を戦う
大正4年喜寿(77才)まで生きた
新撰組
長生きも芸のうちじゃ

切り込み隊長・藤堂平助

複雑な心境があわれ。藤堂平助も苦悩した

46

●大名の御落胤《おとしだね》という説も…

天保15（1844）年に、藤堂平助は生まれる。伊勢の津藩、藤堂和泉守の落胤とされている。その証拠が、めったに持てないような名刀「上総介兼重」を持っていたからという。根拠としては薄い。試衛館以来、近藤、土方とともに苦労してきた男だ。初期の24名のひとりである。長年の功労者として、近藤にかわいがられていたが…。最後は粛正されてしまった。

●池田屋では、血だらけの激闘をする

池田屋に斬り込んだときだ。藤堂は最初の斬りこみメンバーのひとりだ。2時間の激闘で、愛刀・兼重は、元から先まで、まっぷたつに割れるほど、ボロボロになる。しかも、暑さのせいで、鉢金（鉢巻の額のところの金属）をとっていたらしい。横から飛び出した勤王方の侍に額を斬られ、割れてしまった。額から、たくさん血が流れる。その血が目に入り、戦闘不能になる。

そのあと、藤堂は壬生に釣り台で担がれて帰った。刀も修理不可能になったのだ。

●藤堂平助が伊東甲子太郎を加入させる

元治元（1864）年。藤堂は、北辰一刀流の同門・伊東甲子太郎に加入をすすめる。伊東は近藤勇に会い、参謀として迎えられることになった。伊東は水戸学を学び「尊王攘夷派」だ。ゆくゆくは「倒幕派」になる。近藤は、どちらかというと「公武合体派」。しかも、強く「士分（侍の身分）」にコダワっている。「倒幕派」には絶対にならない。

近藤の「士分」への強いこだわりに、藤堂は疑問を感じていた。そこで、伊東とともに新撰組からの分離脱退を決意する。

油小路の変のとき、伊東の死骸を取りに来て、ついに惨殺されてしまうのだ。

藤堂平助
若いけど古株
試衛館からのメンバー
池田屋事件では
眉間をかち割られ
ながら生き残った
鉢金
暑い…
鉢金を
はずすんじゃ
なかった
リクルートで奔走
伊東甲子太郎を
入隊させた
新撰組の体制に
疑問をもち
伊東ら
分離独立派と合流
油小路の変で斬殺された
ホントは
藤堂だけは
見逃した
かった

怪力・島田魁《かい》

47 箱館戦争まで戦い抜いた巨漢、明治も生きる

●箱館戦争で、土方と北の大地に立つ

島田魁は、文政11（１８２８）年に、美濃大垣に生まれる。たいへんに体が大きく、幾多の戦いに参加する。身長が6尺（１８２センチ）で、体重が40貫（１５０キロ）もあったという。力があるところから、仇名を「力さん」という。刀も、ふつうのものより5センチほど長い太刀を使っている。

箱館戦争では、数少ない隊士の生き残りとして活躍する。明治33（１９００）年、73才で死去。

●相撲取りと大ゲンカして、圧勝する

あるとき、新撰組の8名が、相撲部屋といさかいを起こしたことがある。

芹沢鴨が、すれちがった力士が道を譲らなかったという理由で、その力士を切り倒したのだ。

この仕返しで、相撲部屋の人間と新撰組が大ゲンカとなり、大勢の死傷者をだした。力士は、5人が即死。16人が負傷。力士側は大崩れをしたという。

新撰組の圧勝である。大活躍は、怪力の島田だ。相撲取りにも負けない。新撰組のほうのケガは軽かったようだ。だが、島田の振りまわした刀で、永倉がケガをした。

●重い鎧をつけた永倉を助けあげる

鳥羽伏見の戦いのときだ。敵方の砲撃が激しく、伏見奉行所まで退却したのだ。とくに、古式の鎧などの具足は重い。永倉新八が重い具足をつけ、土塀を乗り越えようとしたときだ。この重量ではとても登れない。困っていると、それを見かねた怪力の島田魁は、自分の銃を差し出し、その銃に永倉がつかませる。すると、永倉をヒョイと、引き上げたのだった。重い鎧を着けたままだ。スゴイ。

宇都宮の戦いでも、負傷した土方歳三を、軽々と担いでいったという。

島田魁
182センチ　150キロ
ハルク…？
気はやさしくて力持ち
新撰組に一生をささげた
芹沢らの相撲取りとのけんかに参加
どっちが相撲取りかわからないな
鳥羽伏見、会津、箱館、最後まで参戦
ひょい
重い鎧をつけた永倉を助けあげた
その後西本願寺の警護の職につき仲間を弔って静かに暮らす
読経三昧
明治33年まで生きた

謎の失踪・山南敬助

天才剣士だが、どこか無気力感がただよう

48

●土方歳三と「相性」が悪かった

天保7（1836）年、陸奥仙台藩に生まれる。北辰一刀流の千葉道場に9年いて、免許皆伝をうける。

色白、寡黙、温厚篤実だった。飾り気もなく、いい人の代表だった。屯所の八木家の子供たちともよく遊んだという。人望もあり、初期には、副長をつとめている。

剣の天才で、柔術もよくできた…。しかし、人柄がよすぎ、「闘争心」がない。あの池田屋事件ときも、屯所で休んでいる。ほかの隊士が血みどろの激闘をしたのに、そういう戦いに参加しない。戦時体制になっても、積極的に関わろうとしない。

血の気の多い土方と、だんだんソリがあわなくなっていく。山南は、土方から「『副長』から『総長』になれ」と、いわれる。なんの権限もない「総長」という、「おかざり」の役職にさせられたのだ。

●心のスキにツケこまれる

伊東甲子太郎が、数名と分離独立する画策をしている。伊東は、同門・北辰一刀流の山南に目をつけた。まず、先発隊として、山南に脱隊してもらい、そのあと自分たちの手引きしてもらおう、と考えたらしい。

山南は、新撰組に嫌気がさしている。土方ともうまくいかない。そんなおり、屯所移転問題で、イサカイが起きる。

「もういやだ！」と、山南は思った。つい、フラフラと脱走したのだ。逃げ方にも真剣さがない。すぐに、あとを追った沖田総司に追いつかれてしまう。沖田の顔を見て、

「沖田くんか…。キミなら斬りあうワケにいかないなあ」と、もらした。

沖田といっしょに、隊に帰ることとなる。もちろん、規則により、切腹になった。33才。人のいい「サンナン」（仇名）さんは、切腹して果てた。

山南敬助
調子悪いから休むヨ
いい人の代表
北辰一刀流
免許皆伝
大きい事件にはことごとく不参加
試衛館からのメンバーだが…
闘争心がないタイプ
屯所移転問題で土方と対立
脱退が許されないなら分離独立しましょう
伊東甲子太郎
なぞの逃走
いろいろめんどくさくなった
あっさり捕まる
山南総長どーしてこんなことを…
沖田か…君と斬りあうわけにはいかないなぁ
規則により切腹
介錯は沖田だった

「時代」を見ていた革命家・伊東甲子太郎

49 御陵衛士の問題は単なる内部抗争ではない

●色白、インテリ、しかも剣の達人だ

天保6（1835）年。常陸《ひたち》志筑《しずく》藩の武士の出だが、脱藩する。水戸で神道無念流を習い、江戸で北辰一刀流を習う。

国学、とくに水戸学、そして和歌が得意だ。

藤堂平助の紹介で、近藤勇と出会い、近藤が惚れてしまう。これまで、新撰組は武闘派ばかりが多く、教養人が少なかった。いわゆる、「参謀」とか「軍師」を求めていたともいえる。

それまで、近藤と土方の、ふたりで決めていた作戦を、参謀が助言するという新しい形ができた。組織作りにも参加してもらったのだ。

●長州の調査をまかされ、時代の変化を知る

伊東は水戸学を習っている。「尊王攘夷派」である。

それ以上に、伊東は「時代」を見ていた。

元治元（1864）年、禁門の変のあと。長州攻めが決定する。お目付け永井尚志《なおむね》が長州の調査をするので、おともで伊東も同行することになる。

伊東が長州をあれこれ調べるうちに、長州の「近代的な軍隊への移行」や「火器を充実しようとしていること」などを知る。

伊東は「幕府の時代はもう、終わったな。これからは、長州だ」と、悟ったのだ。

●伊東は「時代に取り残される」とあせる

時代はスピーディに進行している。ボヤボヤしていると、歴史のハザマで置いてきぼりになってしまう。時代を冷徹に見据えていた伊東は、「もう幕府の時代ではない。これからは、天皇中心だ」と感じる。伊東は「水戸学」という学問的立場ではなく、政治的立場から時代を見ていたのだ。

その「あせり」が、すべてのマチガイのもとだった。

享年33才。

伊東甲子太郎
1866（慶応2）年
長州の調査に同行し
ますます倒幕思想に傾むく
幕府の時代は終わった
新撰組を脱隊したい
でも脱隊すれば切腹だし…
悩
悩
悩
そうだ分離独立をすればいいんだ
おれってアタマいい
朝廷より御陵衛士を拝命しましたので除隊します
御陵衛士《ごりょうえじ》とは天皇の墓所を警護する職
1866（慶応2）年
12月
孝明天皇崩御
13名が脱隊
伊東甲子太郎★、三木三郎、篠原泰之進、服部武雄★、加納鷲雄、新井忠雄、毛内有之助★、内海次郎、阿部十郎、橋本皆助、富山弥兵衛、藤堂平助★
実はスパイ
斎藤一
高台寺党という
油小路の変
1867（慶応3）年11月
近藤暗殺を企て粛正される
★：粛正された人

秘密諜報員・山崎烝《すすむ》

この時代は、両軍によるスパイ合戦だった

50

●治療や薬に強かった

生年はわかっていない。山崎烝は大坂の鍼灸医の子供に生まれる。文久3（1863）年の、壬生の隊士募集で参加する。調役兼監察として有名だ。医者の子供であったので、隊士の治療もした。「私がいるから、新撰組は安心だ」といっている。ふだん、町に出て、薬を買い集めていた。

しかし、この行動には裏がある。

●池田屋に、みずから泊まった大胆さ

実はスパイ活動をしていた。あの池田屋事件のときだ。勤王の志士たちが池田屋や四国屋に集まり、幕府転覆の密談をしている。その情報をつかんだ。近藤は山崎にくわしい調査を命令する。

「薬売りです」と、山崎は名乗って、池田屋に泊まる。直接、本拠地に泊まって調査をするのだから、スゴイ。

しかも、多量の薬を注文したり、薬や治療に詳しいのだから、だれも、あやしまない。ここに出入りをしている人間を、すべて調査して、レポートを紙に書く。その紙を丸めて、外の通りにポイッと投げ捨てる。表通りには、乞食に扮装した隊士がいて、この紙を拾って近藤に届けた。この情報から、池田屋事件は起きる。

（『100話』）

●「長州ってスゴイぞ！」

元治元（1864）年、お目付け永井尚志《なおむね》が長州の調査をする。近藤や伊東甲子太郎などが同行している。山崎は、このとき私的に付き添い、さらに、ひとり広島にとどまり、レポートしている。

「各地で、幕府は惨敗。長州おそるべし」と。鳥羽伏見の苦戦を先取りしていたのだろう。山崎は鳥羽伏見の帰還中の富士山丸で死ぬ。水葬された。別の説もあり、史実はわかっていない。

享年33か、34才。

山崎烝《すすむ》は諜報部員《スパイ》だ
棒術がトクイ
薬屋に化け諜報活動をした
乞食に化けた仲間の隊士
ぽいっ
池田屋
勤王派の密議が開かれる…
かくして池田屋事件が起こった
土方を信奉していた
副長のために働きます
鳥羽伏見の戦いの後江戸へ帰還中の富士山丸で死ぬ水葬された
スパイだけに謎の多い人物だ

第五章

新撰組のスターたち

第六章
こんなに規則が厳しい

――「局中法度」などルールがたくさんあった

士道に反するな

侍らしくない卑怯な行為をするなというが…

51

●「人斬り」が薩長に身売りをする

「人斬り鍬次郎」こと大石鍬次郎がいる。土佐の岡田以蔵、薩摩の中村半次郎に比べると、カゲがうすい。新撰組のような人斬り集団にいるせいだろう。

勤王の志士を斬りまくり、薩摩や長州などにおそれられる。しかし、幕府も傾き、新撰組も瓦解の時期がやってきた。甲州の戦いが終わり、大石はボー然と、敵方の陣に行く。そこに、旧友の加納道之助がやってきた。加納は、油小路の変で生き延びて、やっと勤王方に拾ってもらったのだ。

大石は加納に「新撰組にはアイソがつきた。勤王方で使ってくれないか。たのむ。『小者』でも『下働き』でもいいんだ」と、懇願した。加納は、「それは、虫がよすぎるゾ。キミのために、ずいぶん仲間が殺されたんだ。いまさら、助けろなんて…」と言ったのだ。大石は捕えられて、斬首される。大石は、「こんなことなら、新撰組の規則に従っていればよかった」と、もらした。（『物語』）

●芹沢鴨は「士道」に反したか？

芹沢というと、悪漢の代表だ。「島原の乱暴」「豪商の強請《ゆすり》」「大和屋、焼き討ち」「他人の愛人を強奪」など、話題の悪行が多い。しかし、どうも大げさにいいすぎる部分がある。豪商の強請は、近藤や土方も一緒だった。大和屋に大砲の砲弾を打ち込んだというのも、当時の新撰組は自由に大砲が使えないのだからマユツバだ。おそらくは、映画や芝居で「かたき役」として描かれたのだろう。芹沢は、確かに豪胆ではあるが、意外と、やさしい面を持っていた。芹沢は、ヒマがあると、余った紙に落書きをしていたそうだ。屯所が散らかっていると、片づけをしたり、屯所の大家の商売の手伝いもしてくれることもあった。「おちゃめ」なところのある人物ではないだろうか。一概に、士道に反していた人間とはいえない。

「人斬り」といえば
土佐の岡田以蔵
薩摩の中村半次郎
新撰組の「人斬り」といえば
オレを忘れるな
「人斬り鍬《くわ》次郎」こと大石鍬次郎
勤王の志士を斬りまくった
新撰組にはアイソがつきた勤王方で雇ってよ
おまえに仲間が何人殺されたと思ってンだ
官
けっきょく捕まって斬首
斬り過ぎた…

局を辞めるな

「脱隊するものは斬る」というキビシサ

52

●新撰組が瓦解したあとも、辞めなかった隊士

新撰組には「勝手に辞めるな」という規則がある。突然、理由もなく、連絡もなく、辞める隊士がいると、隊の「結束力」を低下させる。さらに、秘密が漏れることもおそれた。しかし、末期には、辞めていったり、脱走した隊士は多い。

逆のケースもある。新撰組が瓦解したあとですら、辞めなかった隊士も大勢いる。箱館に土方歳三とともに行った隊士もいる。島田魁や安富才助、尾関泉など、25人だ。

土方のあとを追って、追いかけた隊士もいる。近藤に付きそった野村利三郎だった。野村は、土方を追いかけて北へ向かった。仙台まできて、新撰組に復帰したのだ。

野村は箱館政権の陸軍奉行添役に任じられている。宮古湾の戦いでは榎本武揚艦隊の「回天」に乗り込んだ。「回天」には土方も乗船している。土方の命令で、新政府軍の戦艦「甲鉄」に横付けをして、大砲や小銃を撃ちまくった。その弾を掻いくぐって、野村は「甲鉄」に飛び移ったが…。しかし、後続がなく、野村は「甲鉄」で孤立してしまった。結局、ガットリング砲の餌食になり、命を落とした。野村は、箱館の最後の戦いに参加できなかった。新撰組を離れた後に、再度、入隊するものもいるのだ。

●御陵衛士の事件は、この規則で起きる

伊東甲子太郎は「脱退して、御陵衛士として働きたい」と言った。「分離独立」を主張した事件だ（第2章）。伊東は辞めることを決めたのだから、こんな策を弄さず、大量の隊士を伴って「集団脱走」すればよかったワケだ。しかし、つねに伊東の頭にあったのは、この「局を辞めるべからず」という規則だった。結局こじれて、粛正されてしまう。裏切った伊東のほうが、むしろ、この規則を守ろうとしていたのだ。

局中法度
一、士道に背《そむ》きまじきこと
一、局を脱するを許さず
一、勝手に金策するべからず
一、勝手に訴訟をするべからず
一、私闘を許さず
違反した者は切腹！
鉄の掟局中法度に違反して殺された者は多い
びびる〜

勝手に金策するな

近藤は「武士は金に清潔でなければいけない」と…

53

●金策が原因で死んだ人は多い

新見錦は帳簿に穴を開けて、金策（アルバイトや借金）に走ったため、それが原因で粛正された。新撰組の初期の段階だ。新見は、芹沢鴨、近藤勇とならび、初期の3人のリーダーのひとりだった。

実際は、副長に降格されて、局長が2人、副長が土方、新見、山南の3人となる。新見は芹沢の腰巾着のようにいわれている。芹沢がやったという悪行は、ほとんど新見も一緒だったようだ。

このままでは、会津や新撰組の評判が悪くなる。そこで、京都守護職は近藤に芹沢を排除するように命じた。芹沢も強いが、新見も強い。新見は神道無念流免許の腕前だ。

近藤は、まず新見のほうを先に粛正することを考える。新見を調べると、かってに商家から軍用金を巻きあげ、遊興費に当てたことを突き止める。新見は「金策をした」という罪で、葬られることとなる。じつは、犯罪より、粛正が先に決まっていた感があるのだ。

●脱隊者には無惨な死

浅野薫という隊士がいる。副長助勤までやった。のちに、脱走して浪人になる。そして、「隊士の肩書き」をかたって金策をしてしまった。

単なる金策ではない。サギだ。沖田総司はその事実を知ると、腹を立てる。沖田はこの浅野を殺すことになるが…。さらに、殺しただけではあきたらず、屍を川に捨てたのだ。（この話の信憑性は薄い）

同じく、伍長・川島勝司という隊士がいた。川島は臆病なために脱走したという。しかし、浅野同様、隊名をかたって金策をしたのだ。この川島も、坊主刈りにされたあと、断首されて、晒しものにされた。

両名とも、罪が重いとはいえ、死体の扱いが無惨だ。金策は罪だが、「隊士をかたる」とは、もっと許しがたい。新撰組は、犯罪以上に名を重んじていたのだ。

局中法度
「金策するべからず」
みんなやってるのに…
新見錦
新見局長勝手に金策しましたね切腹です
脱隊後隊の名をかたって金策した者は惨殺された
浅野　薫
21世紀の政治家は金策しまくり
サムライはおらんのぉ

訴訟ごとをおこすな

54

町中の人間と、モメゴトを起こさない

●街の人といさかいを起こさない

「市中見まわり」のとき、あやしい者と争いになることはある。しかし、新撰組には、厳密なルールがある。意味のない争いや人斬りはしないのだ。かなり徹底していた。

鳥羽伏見の戦いが終わり、新撰組の連中が「富士山丸」で江戸に戻る。そして、品川にあがり、宿屋に泊まっている。永倉新八など隊士たち数人は、あまりタイクツなので、洲崎の遊郭に、遊びに行くことになったのだ。

●「龍尾剣」がさえわたった

さて、永倉は廊下で3人の侍とすれ違った。その侍は、いかにも地方から江戸に出てきたふうだ。その中のひとりの肩に永倉が触れてしまう。永倉が「無礼つかまつった」という。「無礼ですむか？」といいかえされたのだ。トッサに永倉は刀のツカに手をかける。体をスッと落とす。刀を抜き、手をダラリとさげる。これぞ、永倉の「龍尾剣」だ。永倉の剣の前に相手は絶命した。

ほかのふたりは恐れをなして、逃げ出したのだ。永倉も軽い傷を目の下におっていた。

●土方は不機嫌だった

永倉ら数人が宿に引きあげてくる。宿には、土方歳三が待っていた。土方は、すでに、いま起きた事件のことを知っていた。土方は苦虫をかみ潰したように、ムスッとしている。

「永倉さん。ケガをしているではありませんか。少しは自重してもらわんと困ります」と一括した。永倉も返す言葉がなかった。

鳥羽伏見の戦いは、新撰組にとって初めての敗戦といえる。多くの隊士を失ったあとなので、永倉は粛正されることはなかった。

局中法度
「勝手に訴訟をするべからず」
もめごとを起こすなということ
鳥羽伏見の戦いの後江戸に戻った永倉新八ら数人は洲崎の遊郭で遊んでいたが…
無礼つかまつった
無礼ですむか？
廊下ですれ違った武士にいいがかりをつけられ
相手を殺してしまった
永倉さん少しは自重してもらわないと困ります
いてて…
鳥羽伏見の戦いで多くの隊士を失っていたので永倉は粛正されることはなかった…

私闘をゆるさず

新撰組内でも、個人的な戦いをすることを禁じた

55

●人斬り鍬次郎の「仇討ち事件」

「人斬り」と仇名された人がいる。「人斬り鍬次郎」こと、大石鍬次郎だ。この鍬次郎には兄がいた。名前が大石神酒蔵《みきぞう》という。

この兄・神酒蔵は一ツ橋家おかかえの武士だ。あるとき、この神酒蔵は、数人の侍と口論となり、ケンカのあげく、斬られて死んでしまった。神酒蔵はイマワの際に、「私の名は、大石神酒…」と名乗る。

さて、斬ったのはだれあろう、新撰組の今井祐三郎だった。

●屯所の前で、鍬次郎と今井は出あう

今井は「いま、人を斬ってきた。相手は、『大石神酒…』までいうと、死んでしまった」という。鍬次郎はビックリして、「それは、私の兄だ」と、いったのだ。

鍬次郎は、兄のカタキとして、今井と果たし合いをしたいといいだした。

「私闘」は規則に違反する。しかし、このままでは「人斬り」の名がすたるではないか。「やはり、兄のカタキの今井を討とう」と、心の中で決心したのだ。

●土方歳三の機転がふたりを救う

原田左之助が、今井と鍬次郎の仲が険悪になっているのを心配して、土方に相談した。土方は、鍬次郎をよんで、こういった。

「近藤局長から、大切な『あずかりもの』をした。あずかるのを、いっしょに手伝ってくれないか。じつは、局長からあずかったのは『今井の命』だ」という。

「今井の命は隊のものだ」という意味だ。これには、鍬次郎も返す言葉もない。土方の真意を悟ったのだ。

鍬次郎はカタキ討ちをあきらめる。

命を救われた今井も、隊のために生きることを決意した。

局中法度
「私闘をゆるさず」
今井祐三郎
大石神酒《みき》・・・《なんとか》なる者を斬ってしまった
大石鍬次郎
オレの兄だ
人斬りの兄キかよ〜まずいな〜
バチバチバチ
おのれ兄の仇
大石待て
近藤局長から大切な『あずかりもの』をした
いっしょにあずかってくれ
今井の命だ
おー
今井ノ命
これで大石は仇討ちを諦めざるをえなくなった

相手と自分との力量を計らない

56 相手が強くても、決して逃げない

●池田屋の教訓があった

「死番」については第2章で語った。これは、斬りこみの1番手をいうわけだ。斬りこみは、相手がどのくらいの人数か、どのくらいの力かわからない。死を決して斬りこむので「死番」という。この「死番」は「相手との力量を計らない」という考えのシステム化ともいえるのだ。

池田屋事件では、このシステムはできていなかった。

●近藤が「弱気」を見せる

池田屋事件では、近藤勇はリーダーなのに、あえて「死番」を演じているほどの男だったのに…。しかし、晩年には、その逆の行動をしている。

甲州勝沼の戦いでは、新撰組は甲陽鎮撫隊とあらため、2百人の隊になった。しかし、ほとんどが博打《ばくち》打ちだ。しかも、脱走兵が多く、残った兵隊は１２０人しかいなかった。

勝沼に着くと、すでに官軍が甲府城に入城している。その数３千人だ。しかも、近代装備をしている。ほとんどやる気のない１２０人が戦っても、勝ち目がないのだ。近藤は「これ以上、戦っても勝てっこない。もう、あきらめて死のう」といいだした。

●土方のハッタリか、強気か

こうした近藤の弱気に、土方は反対した。「いいや。イヤだ。こんなところで、死ねるか？　会津でも仙台でも、戦う場所はあるのだ」と土方はいった。「神奈川へ行って、援軍をつれてくるフリをしよう。会津藩の援軍もくるし、食料もくる、と嘘の情報をふれまわってくれ。今晩ひとばん、なんとか、脱走兵を食い止めてくれ」と、近藤にたのんだ。土方はあらたに「新撰組」を救う方法を模索した。

近藤よりも、土方のほうが、新撰組として生きようとしていたのだ。

軍中法度
「相手が強くても
決っして逃げるな」
強気
池田屋事件のとき
近藤は
たった7人で
池田屋に
斬り込む

下総流山で新政府軍の
攻撃を受ける
これ以上
戦っても
勝てない
もう
あきらめて
死のう
こんな
ところで
死ねません
土方は「新撰組」を
救う方法を模索した
近藤よりも、土方のほうが
新撰組として生きようと
していたのだ
弱気

秘密は絶対に保持しなければならない

57　幕府方と勤王方はスパイ合戦だった

●二重スパイを見抜け

内部の秘密は絶対に守らなくてはいけない。新撰組には、「おみの」という女性がいた。新撰組の密偵として働いていた。

しかし「おみの」は勤王方から情報を得るため、新選組の情報も流していた。いまでいう「二重スパイ」なのである。どうも「おみの」があやしい、と、新選組は彼女を疑いだした。ワザと、彼女の前でニセの情報を流すことにする。すると…。「おみの」をつうじて勤王方が行動したので、ついに、「二重スパイ」が発覚してしまう。そして、はかなくも、抹殺されてしまうのだった。

●除隊禁止は秘密漏洩の防衛だ

なぜ、除隊できないか？　秘密漏洩のセキュリティの意味もあった。酒井兵庫という古参の隊士がいる。新撰組の成立以来いて、近藤勇もかなり信用していた。しかも、勘定方もやり、秘密も握っている。

新撰組の規則はどんどん厳しくなり、処罰もさらに激しくなっていった。

酒井という男はもともと臆病である。悪いことをしていないのに、その処罰を見て、いつしか、そのものが恐くなってきた。「もう、ガマンできない！」と、ついに逃亡してしまったのだ。

酒井は勘定という秘密を知っている。「秘密が漏洩しては困る」と考えた隊士たちは、テッテイ的に酒井を探し出す。

ついに、沖田総司が酒井を見つけだした。沖田の三段突きは酒井をズタズタに斬ってしまう。それでも、なぜか、酒井は生きていた。しかし、根っから臆病な酒井は、自分の傷があまりにも多いのにビックリするのだ。「キャアッ！」とさけんで、卒倒して、そのまま死んだという。

最後まで臆病なヤツだった。（『物語』）

新撰組の密偵「おみの」
色じかけで勤王方に近づいた
ふらへ
実は二重スパイ新撰組の情報を勤王方に流していた
正体がバレて新撰組に殺された
女は殺したくなかった

賃金体系が明確だった

「月給制」や「賃金制」は画期的だ

58

●画期的な「月給制」の侍

徳川の時代の侍は「石高制」だった。年ごとに生産される米で支払われる。しかし、新撰組は「月給制」だった。家柄や伝統ではなく、仕事上の役目で「月給」が決まっていた。これは、当時の侍では画期的なことだった。

給料の額は近藤が50両。土方40両。沖田が30両などだ。沖田は生活も質素で、病弱だから、遊びもしない。しかも、あまり熱心に治療もしない。それで30両は多かっただろう。しかし、給料は隊士の地位と実力によって決まっていた。（『事件帖』）

●年功序列と終身雇用の廃止

新撰組には、年齢は若くても、地位が高い人がいる。しかし、当時の封建社会のように、だれだれのセガレだからではない。実力と功績が認められたのだ。原田左之助は池田屋、芹沢鴨暗殺、蛤御門などに参加。若くして地位を上げていった。

途中入隊の吉村貫一郎も、旗本に取り立てられ、所得を高額アップしている。

●チェックしあう方法

会計が三権分立のようになっている。

近藤勇は、勘定方から許可をもらい、お金を使う。勘定方は、上司である土方と調役兼監察のチェックを受ける。

そして、土方は上司の近藤のチェックを受ける。

しかし、あるとき、近藤は遊女の身請けのための金を勘定方から融通してもらったらしい。これは使途不明金のため、土方と調役兼監察に勘定方が追求されてしまう。

結局、勘定方は責任をとり、切腹する。もし、近藤の使い込みが本当なら、たいへんな問題であろう。

新撰組隊士の月給

平隊士	組長	副長	局長
10両	30両	40両	50両

月給100万円

当時の1両は現在の価値で2〜3万円くらいみんな超リッチだ
こんなにもらっても使い道がないんだ
さみしいヤツ

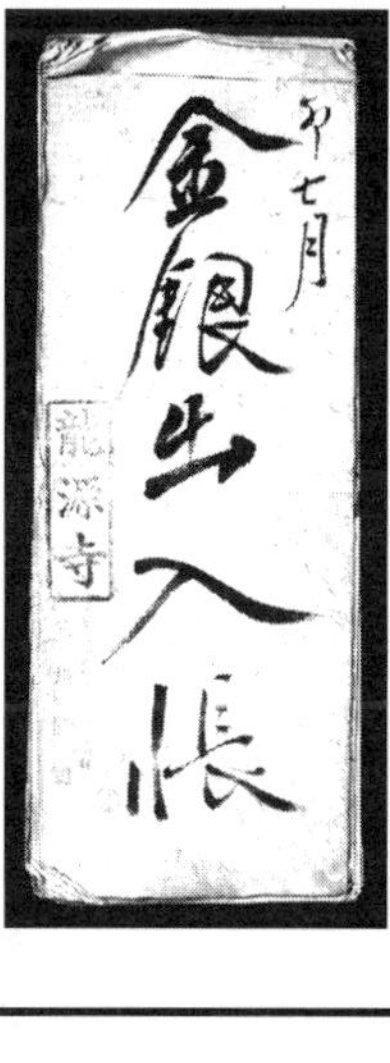
金銀出入帳
龍源寺

◀金銭出納帳（龍源寺蔵）

新撰組は「京都守護職会津藩御預かり」なので会津藩が経費を負担した
すっごくタイヘン

規則は絶対だが…。でも守れないこともある

59

規則に例外はない。だが、それでもいろいろ…

●緊急の場合

「軍中法度」では「大事でも冷静に処す」と決められている。池田屋事件のときだ。中に何人の人間がいるかわからない。そこへ7人で切り込んでいった。実際、30名近い勤王の志士がいたのだった。

そのとき、なんと、剣の達人・沖田が喀血する。絶体絶命の状態の中で、近藤は、沖田が比較的安全な2階にいることを確認した。新撰組には「戦いで、退いてはいけない」という規則がある。しかし、このとき、近藤は沖田を退かせたのだ。

●死者の祟りは恐い？

「怪力、乱心、不思議について話をするな」。軍中法度には、こんなことが書かれている。「オカルト」「超能力」「幽霊」などの話をするな。幕末のころは、まだ科学的な考えの足りないころだ。「誰かの祟り」のような話を禁止している。たとえば、「土に噛みついたうつぶせの死体は、片足をヨコ（男は左、女は右）に切らないと、死人が祟る」と言い伝えがあったのだ。

●人を見て処置をした

朝帰りをするときは、許可がいる。「隊を辞めてはいけない」という規則があるが、遊びに行って、帰ってこないと、「脱走」か、「朝帰り」か区別がつかない。とくに、副長助勤あたりは、遊びがハデで、帰ってこないのだ。

油小路の変の前のこと。伊東甲子太郎、斎藤一、永倉新八の3人は、飲みに出たまま、3日帰ってこなかった。それから、隊に帰ると、近藤が怒っている。「規則はご存じか？」と。3人は、個室で謹慎処分となる。

脱走は切腹のハズだ。しかし、近藤も副長助勤の斎藤や永倉、参謀の伊東を切腹にできなかった。これが、のちの大事件になる。

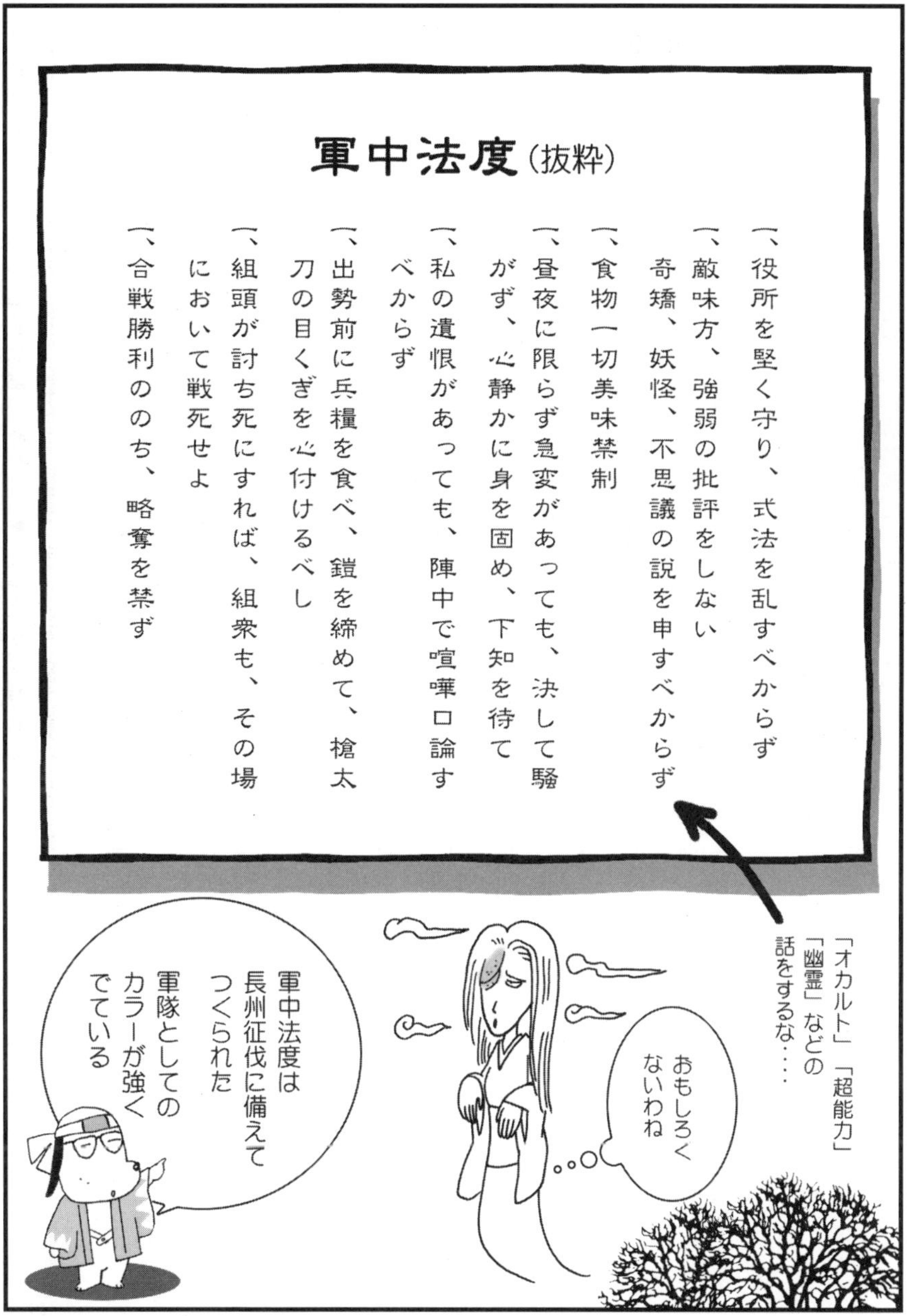

軍中法度（抜粋）

一、役所を堅く守り、式法を乱すべからず
一、敵味方、強弱の批評をしない
奇矯、妖怪、不思議の説を申すべからず
一、食物一切美味禁制
一、昼夜に限らず急変があっても、決して騒がず、心静かに身を固め、下知を待て
一、私の遺恨があっても、陣中で喧嘩口論すべからず
一、出勢前に兵糧を食べ、鎧を締めて、槍太刀の目くぎを心付けるべし
一、組頭が討ち死にすれば、組衆も、その場において戦死せよ
一、合戦勝利ののち、略奪を禁ず

「オカルト」「超能力」「幽霊」などの話をするな……
おもしろくないわね
軍中法度は長州征伐に備えてつくられた軍隊としてのカラーが強くでている

「組長」以上は妾宅が持てる

理由はわからないが、収入の問題だろう

60

●「お休み所」といっていた

隊士は遊郭に「なじみ」がいて、その女性を身請けして、さらに、妾宅を持たせた。しかし、それは組長（副長助勤）以上と決まっていた。「休息所」といわれる。沖田総司以外はみな持っていた。沖田は遊郭にも行かなかった。伍長以下は、お金もなければ、器量もない。

●田内知《たうちとも》が妾を寝取られた

近藤が、内心、苦々しく思っている事件があった。伍長以下で、妾を持っていた男がいる。田内知という平隊士だ。この田内は、洛外の八条村に妾をかこっている。そして、勤務のあいだを見計らって、通っていた。ある日、田内が妾の家に忍んで行く。あわてて、間男が押入に隠れたのだ。ところが、お膳の上に酒と肴が出ている。田内は、すぐわかり「このやろう。間男してやがったな」と、いう。すると、間男はいきなり押入から、刀で斬りつけてきた。

田内は不意をつかれ、両足を斬られた。間男は、田内の妾をつれて、逃げてしまった。田内は、屯所に戻って、いい加減なことをいって、なんとかツジツマを合わそうとするが、うまくいかない。結局バレてしまう。

「妾をかこっていた」「間男に斬られた」「間男にケガをされ、妾までつれていかれた」と、情けないことばかりだった。

●結局、切腹となった

妾をかこっている隊士はほかにもいるが、伍長以下は許されない。事件のイキサツを知った近藤は、「即刻、切腹じゃ」とさけんだ。介錯は谷三十郎だった。ところが、谷は槍は名人だが、刀はうまくない。介錯もヘタで、田内の首が「ためらい傷」で、ボロボロになったという。（『血風録』）

「伍長以下は妾禁止」
ナイショ
田内知《たうちとも》は平隊士のくせに妾をもってしまった
オレは局長だから何人もってもいいの
妾を間男に寝取られ
間
しかも斬られてけがをしてしまう
間男
「士道に反する」切腹だ
浮気されるのも命がけだなぁ
こんなことで切腹なんて…
妾は間男と逃げてしまった
すたこらさっさ

第六章

こんなに規則が厳しい

第七章
もっとスターを紹介しよう

——忘れてはいけないキラ星の人たち

勘定方・河合耆三郎《きさぶろう》

61

初期の時代に、勘定方として活躍した

●商人のセガレという点を見込まれれる

天保９（１８３８）年に生まれる。播州高砂で塩を扱うの米穀問屋の倅だった。そのため、ソロバンが使える。文久３（１８６３）年に浪士隊時代に入隊し、元・商人なので、勘定方になる。新撰組は脱藩浪士と農民の出身が多い。その中で、商人出身は珍しかった。しかし、それが彼の命取りともなった。

●「金が足りない」とあせる

慶応２（１８６６）年。河合は帳簿に50両の穴をあけてしまった。わずかな金なので、土方などに黙って、実家に飛脚を飛ばし、50両の金策をしようとした。これが、マチガイのもと。じつは、新撰組では、多くの隊士が金策で粛正されているのだ。

そんなおり、土方歳三が「大金の用立て」を河合に命じたのだ。これは、河合が帳簿に穴を開けたことを見抜いて、土方がワザと命じたらしい。金が足りなければ、切腹だ。河合は「10日だけ待ってくれ」といったのだ。土方は、「金は10日間待つが、できなければ、公金横領で切腹しろ」という。

しかし、10日たっても、故郷からの50両は来なかった。土方と調役兼監察が河合のところに来て、再調査をする。結局、金ができていない。12日めに、河合は斬首されたのだ。

●斬首の直後に金が届いた

河合は斬首されるまで、「金はまだ来ないか？」と、嘆いていたという。斬首されてから、３日後、国もとから、飛脚が50両という金を届けてきたのだ。

さらに、ひと月たって、屯所の前に千両箱をつけた馬が、河合の実家からやってきた。父親と親類も来て、河合の死骸を引き取り、壬生に大きな墓を立てたらしい。千両もあるのなら、50両で死ぬことはなかったではないか。（『１００話』）

河合耆三郎《きさぶろう》
さむらいに なりたい
商家の出だから 勘定方を まかされた
50両 足らない
公金横領罪で 切腹だ
10日待って ください 実家から 金が届きます
けっきょく 金は間に 合わな かった
現代だったら 電話一本で 解決したのに～
あ オヤジ
50両 振り込ん どいて
しょうが ねえな～

軍師・武田観柳斎

頭脳明晰で、文学や軍事に強かった

62

●出雲の長沼流を学んだ

武田観柳斎は「新撰組の作戦参謀」だった。生まれ年はわかっていない。出雲母里《もり》藩の松江の生まれで、医学を学ぶ。甲州長沼流の兵法を学んだ人である。

新撰組には、軍学に強い人がいなかったため、軍事調練も行っている。文才や学問もあり、文学指南頭になる。五番隊の隊長だから、腕も立ったわけだ。

●「へつらい」が嫌われた

武田観柳斎は「へつらいの人」といわれる。その部分がもっとも嫌われたようだ。近藤や土方にへつらい、ついに軍師になった。それからは、さらに高慢になり、もっと嫌われたのだ。

新撰組の調練がフランス式に変わることになる。ところが、武田はフランス式など知らない。古式の甲州流まるだしだった。それでも、適当にごまかして、調練をやっていたのだ。

しかし、そのうち、みんなが「どうもおかしいぞ」と気がつき、ついにボロを出し始めた。具合が悪くなりだし、参謀の伊東甲子太郎に擦り寄りはじめる。さらに、薩摩屋敷に出入りするようになったのだ。こうなると、どんどん立場が悪くなった。

ついに、同僚の篠原泰之進に悪行を暴かれ、篠原と斎藤一に斬殺されたのだ。

●ホモ・セクハラ事件があった

池田屋事件でも、武田の持っていた槍に、たまたま2階から落ちてきた勤王の志士が刺さった。それで、手柄をあげたのだ。かなりズルイところがある。

また、隊士に、馬越三郎という16才の美男がいた。この馬越を武田が本当に好きになり、しつこく、いい寄ったのだ。ホモ・セクハラ事件となる。こまった馬越は、土方歳三に相談して、事件が発覚したという。

(『物語』)

武田観柳斎
わたし軍師
フランス式軍事調練を行う
最新式ヨ
なんかこの調練古くさくないか
武田さんアヤシイな〜
「へつらう」ところが嫌われた
局長♡
おもねりおもねり
いごこちが悪くなって…
仲間に入れて
断わる
分離独立派の伊東甲子太郎
さつま
今度は薩摩にすりよった
それがバレて斬殺
作戦失敗だった軍師なのに…

変身の男・斎藤一

のちに警視庁に就職。警部補になる

63

●スパイ活動に成果をあげる

弘化元（1844）年に明石藩足軽の子として生まれる。腕は剣術師範である。斎藤はスパイとして有名だ。伊東甲子太郎が、新撰組から分離独立する事件のときだ。脱隊者を許さないはずの近藤が、あえて斎藤の脱隊を許可をしたのだ。

じつは、斎藤は、近藤が送り込んだスパイだった。伊東は「勤王の志士として、倒幕運動を始める」とか、「近藤を暗殺する」と、画策していた。斎藤はこれらの情報をつかみ、新撰組に流す。その情報をもとに、先手をうって、伊東らを粛正するのだった。

●正体不明。改名も数回する

伊東の粛正のころ、斎藤は山口二郎（次郎）と改名する。鳥羽伏見のあとの甲陽鎮撫隊のときは、山口次郎（二郎）になっている。このあと、警察に入り、藤田五郎となるが…。

さて、会津の戦いのとき、土方歳三と別れ、斎藤は会津に残ることになる。そこで、松平容保と会津藩の重役の仲人で結婚する。相手は大目付けの娘であった。

●警視庁に就職する

斎藤一は、明治時代まで活躍した。維新後は、警視庁に就職したのだ。警部補になる。やがて、西南戦争がおき、薩摩軍と新政府軍が戦うことになる。新政府軍は、腕に覚えのある人間で、抜刀隊を組織した。斎藤は、「豊後口徴募警視隊」に参加したのだ。

大分の戦いで、抜刀して「新撰組の仇だ！」と叫んで、薩摩軍に斬りこむ。そして、大砲をうばったのだ。新撰組はかつて、薩摩軍にイタイメにあっているからだ。斎藤は、高床山の薩摩軍を攻撃しているときに、被弾してしまう。凱旋後、警部になっている。警察をやめ、東京教育博物館看守になった。

大正4（1915）年、72才で没している。

斎藤一はスパイだった
伊東甲子太郎とともに脱隊 近藤の暗殺を企てる
すっかり信用
近藤はオレが殺《や》ろう
伊東甲子太郎は近藤局長の暗殺を企てております
実はスパイ
油小路の変の直前に失踪
改名し新選組に戻る 鳥羽伏見、甲州攻め 会津の戦いに参加
名前を何度も変えた
維新後 警察官になる 西南戦争でも戦った
斎藤一
山口二郎
山口次郎
藤田五郎
薩摩め～ 新選組の仇

実直そのもの・吉村貫一郎

64

『壬生義士伝』（浅田次郎）で、有名になった人

●出稼ぎのつもりで、新撰組に入る

天保11（１８４０）年、奥州南部生まれ。盛岡時代、吉村貫一郎は5人の子供を抱えて食うや食わずだった。非番の日でも、遊んでいられない。農民か仏師のように、漆を作る内職をしている。「こんなことをしていても、食べていけない」と、出稼ぎを決意する。

仕事をさがして江戸にくると、新撰組の隊士募集があったのだ。給料も出そうだし、旗本に出世もできそうである。吉村は「これで、家族に仕送りができる」と考え、入隊する。

体は大きいし、剣は使える。しかも、人格は実直で、人情味がある。近藤好みだ。吉村は調役兼監察に抜擢される。

しかも、鳥羽伏見のときは、吉村は、軍用金として新撰組から百両をもらった。喜んだ吉村は、この軍用金をいなかの妻子に仕送りをしたのだ。

●給料が欲しかった

鳥羽伏見の戦いのあと、吉村はひとりハグレていた。たよるところもなく、旧知の南部藩のお留守居役のところにいったのだ。吉村は、「勤王方で、奉公させてくれないか？」とたのんだ。お留守居役は、「それは、虫がいいなあ」という。そして、「キミには武士の魂がないのか？」と聞いたのだ。吉村は、「そんなことは、どうでもいい。私は妻子を食わせていきたいのだ。徳川だろうが、天皇だろうが、妻子を食わす俸禄がもらえればいい」といいすてた。

お留守居役は、その吉村の考えを「自分勝手だ」と断ずる。「俸禄のためとはいえ、キミは新撰組に入って、サンザン乱暴を働いた。いまさら、勤王方で働きたいといっても、筋がとおらない」と。

お留守居役は吉村に、いさぎよく切腹することをすすめた。吉村も承知して、その場で果てたのだ。慶応4年没。

吉村貫一郎
ちゃん
食うや食わずの貧乏武士
新撰組に入隊
これで仕送りができる
新選組屯所
勤王だ
佐幕だ
オレにとっては勤王も佐幕もない
奉禄がもらえればいいのさ
鳥羽伏見の戦いの後
勤王方で働かせてくれ
武士の魂がないのか腹を切れ
南部藩
切腹になった
ちゃーん

心中事件・松原忠司《ちゅうじ》

65

人情がアダとなり、無理心中をはかる

●「柔道一直線」の男だった

生年不詳。播磨小野で生まれる。松原忠司は、若いときからマゲをきって、坊主頭にしている。デップリ太って、色白で、いつもニコニコ笑っている。かわいいタイプの人なので、「あれが柔術師範か？」といわれる人だった。蛤御門の政変のときは、坊主頭に白い鉢巻をして、大きいナギナタを持ち、見栄をきっていたので、「まるで、弁慶みたいだ」といわれた。

●殺した浪人の妻の世話をする

あるとき、祇園下で飲んだ帰り、道であった浪人と口論になり、相手を殺してしまったのだ。銭入れには浪人の名前と住所が書いてあった。浪人の家に死骸を届けて驚いた。

浪人には美人の妻がいたのだ。さらに驚いたことには、その家はたいへん貧乏だった。しかも、子供がいて、重病のようだ。松原は、「旦那が、だれかとケンカをして殺されたのだ。自分が通りかかって、死骸を届けにきた」と、自分が殺したことを隠してしまった。情に厚い松原は、ほおっておくこともできず、妻子の世話をすることにした。松原は通い始めたのだ。

●土方歳三に追求される

ところが、土方は、殺したのは松原本人だ、とすぐに見抜いた。そして、松原に「キミは浪人の妻を欲しいために、その浪人を殺害したのだろう」といった。松原は誤解されてしまったのだ。悔しくてたまらない。松原のようすが、みるみるおかしくなる。

異変を感じた同僚の篠原泰之進が、この浪人の家に駆けつけた。

すると、篠原が来たときは、すでに遅く、松原は浪人の妻を柔術の技で絞め殺し、自らは割腹して、死んでいた。誤解をこういう形で晴らしていたのだ。（『物語』）

松原忠司
坊主頭で色白な巨漢 弁慶みたい 柔術師範だ
でっぷり
通りがかりのものだ ご主人の遺体を届けにきた
ホントは自分が殺した
きゅん
あの奥さんが欲しくてダンナを殺したんじゃないのか
やなヤツ
それは侮辱だ…
わなわな
なんで私まで殺されるの??
誤解されたからには生きてはいけない
『壬生心中』といわれて有名だがフィクションらしい

槍の名人だった谷三十郎

66

三人兄弟でそろって新撰組に入った

●近藤勇と親戚となる

谷三十郎は、万太郎、昌武と三人兄弟で、そろって入隊する。子母澤寛は、三十郎を3兄弟の次男にしているが、どうも長男らしい。昌武は、近藤の養子に入り、局長と親戚筋となっている。

もっとも、コネではエラくなれないのが規則だ。昌武は平隊員どまり。三十郎は池田屋の功績を認められたのか「副長助勤」に抜擢。万太郎は大坂屯所の隊長になる。

●介錯事件は本当?

田内知《たうちとも》という隊士が、妾を水戸の侍に寝盗られてしまう、という事件があった。田内は、切腹ということになる。(第6章)

さて、谷は、ほかの隊士とソリが合わなかったらしい。隊士たちが「田内の切腹の介錯をだれにしようか」と、モメていたときだ。刀の使い方のヘタな谷に、介錯の役目を押しつけることにしたという。谷は「槍を取っては千石もの」といわれた槍の名手だが、剣は苦手だ。そんな谷が、うまく介錯ができるはずはなかった。これで谷は評判を落とした(『始末記』『血風録』)。ただ、幕末維新研究家の結喜《ゆうき》しはや氏は、「この話はフィクションである」といっている。

慶応2(1866)年病死。斬殺説もある。

●ホラ吹きだったのかな

ほかの隊士と合わなかった原因は、「ホラ吹き」にあったのではないだろうか。たとえば、「池田屋の事件のとき。浪士が刀を振りかぶって、2階から斬りかかっていたので、エイッと槍で田楽刺しにした。そうしたら、血しぶきが火花のように降り注ぎ、ワシの体が『血の風呂』に入ったようにベタベタになったのだ」とか、「新撰組にはたいして強いヤツがいない」と、かたっていた。自慢話やホラが多かったらしい。

谷三兄弟
長男／三十郎
----７番隊組長
次男／万太郎
----大坂新撰組分隊長
三男／昌武
----近藤勇の養子に
三男昌武（近藤周平）
近藤の養子になるがパッとせず鳥羽伏見の戦いのあと失踪
長男三十郎
槍の名手らしいが…態度がでかくいばりちらすので他の隊士から嫌われていた
池田屋ではな～勤王のヤツらを串刺しにしてやったヨ
カカカ
うざい…
田内知《とも》の介錯をしくじって評判を落とす
槍はトクイなんだけど…
早く楽にしてくれ～
これはフィクションらしい新撰組はこういうのが多いネ

怪僧・斎藤一諸斎《いちだくさい》と独竜巨海

「坊主」から隊士、隊士から「坊主」になる

67

●斎藤一諸斎は「坊主」から隊士に

新撰組には僧侶から隊士になった人間がいる。斎藤一諸斎だ。文化10（１８１３）年に生まれる。6才のとき、浅草今戸の潮江院で出家している。そのあと、駒込吉祥寺で修業する。おとなになって、甲府の寺で住職をする。

新撰組が甲州に、甲陽鎮撫隊としてやってくる。このとき、斎藤は56才だ。当時でいえば、もう老僧だ。ところが、新撰組をみて、そのリリシサに感動する。すぐに入隊を希望して、許可される。それから、流山、宇都宮、会津、仙台と、土方とともに戦った。仙台で降伏するが、赦免される。

そのあと、多摩郡中村（八王子）に行き、寺子屋を開き、子供たちに勉強を教える。明治7（１８７４）年。62才で病没する。

●立川主税《ちから》、「坊主」になる

斎藤とは反対に、隊士を辞めて、僧侶になった男がいた。独竜巨海だ。若き日は、立川主税という。天保6（１８３５）年に、筑紫の国の町人に生まれる。33才のとき、斎藤と同じく、甲陽鎮撫隊に入隊する。そこで、土方歳三に会い、そのすばらしさに感動する。土方とともに、会津で戦い、箱館まで戦い続けるという惚れ込み方だ。箱館で、降伏して、捕われてしまう。そのあと、赦免される。

明治5（１８７２）年に、箱館から帰った立川は、亡き土方の故郷・日野を訪ねた。すると、そこに、かつての同僚であった斎藤一諸斎がいたのだ。これが立川の人生を変える。ふたりは昔話に花がさく。立川は斎藤に感化されたのか、斎藤がかつて住職をしていた全幅寺という寺で修業を始めたのだ。

立川は出家して、独竜巨海と名乗る。山梨県の西方寺、地蔵院と住職をつとめる。生涯、敬愛する土方の菩提をとむらったという。明治36（１９０３）年。胃病のため死去する。（『１００話』）

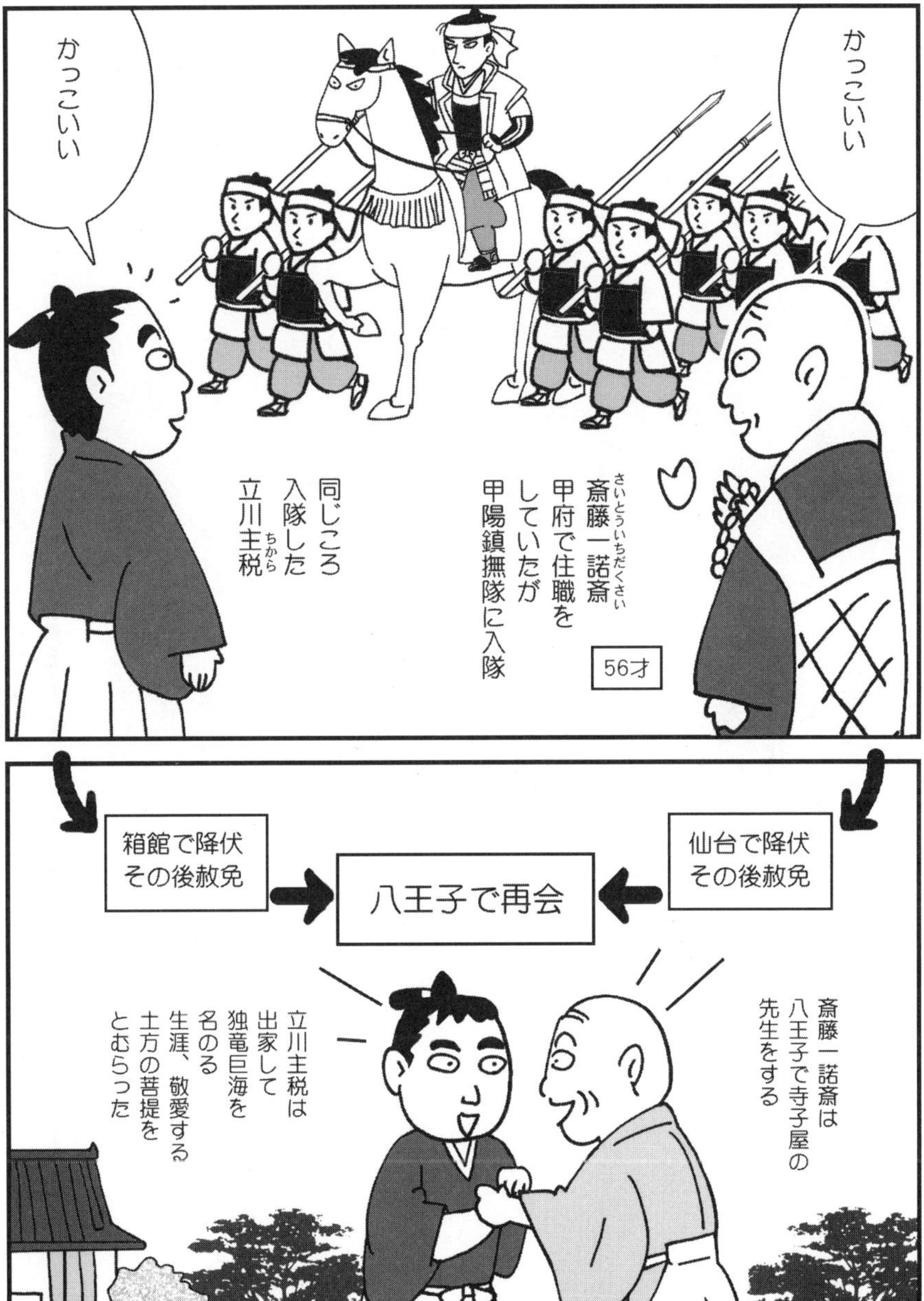
かっこいい
斎藤一諾斎《さいとういちだくさい》甲府で住職をしていたが甲陽鎮撫隊に入隊
56才
同じころ入隊した立川主税《ちから》
かっこいい
仙台で降伏
その後赦免
箱館で降伏
その後赦免
八王子で再会
斎藤一諾斎は八王子で寺子屋の先生をする
立川主税は出家して独竜巨海を名のる生涯、敬愛する土方の菩提をとむらった

油小路事件で生き残った三木三郎

酒の飲みすぎで離縁され、新撰組に入る

68

●三木三郎は若いときから飲んだくれた

油小路の事件で、御陵衛士は大粛正にあった。参謀伊東甲子太郎の「分離独立案」が原因になっている。その伊東の実の弟が三木三郎だ。三木は9番隊組長をやっている。

天保8（1837）年に、常陸の国の生まれ、村塾に通っている。とにかく、若いときから、めっぽう酒が好きだった。朝から晩まで、酒を手から離したことがなかった。藩の重役の寺田家に養子入ることになり、重要な仕事をあたえられる。しかし、酒が好きで、片時も離さない。朝から酒びたりで、仕事も面倒くさくなり、さぼりだした。腹をたてた養父が、三郎を離縁したのだ。養子もクビになり、役職も解かれ、ついに行き場がなくなる。

そこに悪友が現れて、「規則ばかりでは、おもしろくないだろう。こんなときは、一杯、飲んでウサを晴らそう」と、また毎日、酒を飲み始めた。

飲んでるうちに、今度は、藩の重役も腹をたてるようになり、ついに、藩からも追い出されることとなったのだ。

●伊東の救いの手がある

兄の伊東が近藤勇の招きで、上洛するということになった。チャンス到来だ。三木は兄といっしょに上洛して、新撰組とやらに入ることにしたのだ。もともと「尊王攘夷」の考えをもっていたので、御陵衛士になった。あの油小路の粛正では、薩摩屋敷で中村半次郎に救われることになる。

●新撰組を攻撃

鳥羽伏見の戦いのとき、三木は敵側の薩摩軍に参加する。そして、先鋒隊として、伏見奉行所の新撰組を攻撃している。のちに、古典を研究して、儒学者になった。死ぬまで大酒を飲んでいたという。（『組長列伝』）

三木三郎
分離独立派
伊東甲子太郎の実弟
9番隊の組長だが…
ひっく
とにかく
のんべえ
兄弟なのに
イメージが
ずいぶん
違う
たっぷん
たっぷん
ぐびぐび
酒さえあれば
なんでもいいや
油小路の変
では
難を逃れた
鳥羽伏見の
戦いでは
薩摩軍に参加
先鋒隊だ～
兄の仇
誠

イラストレーター・中島登《のぼり》

69

箱館で、隊士の姿を多量の絵に残した

●中島登はスパイだった

中島はスパイ活動を行っている。その活動がいっぷう変わっていた。レポートは「絵」に描いていたのだった。中島は天保９（１８３８）年に生まれている。甲州武田の家来の子孫らしい。中島は不思議と戦いで活躍した記録が少ない。しかし、甲州、流山、宇都宮、会津、そして箱館まで、延々、戦っている。

●克明な描写が役立つ

では、彼の活躍の内容はなんだったか？　それは調査だ。あるとき、近藤勇は、中島に「武蔵、相模、甲斐の地理と、人情を調査するように」と命じた。これは、スパイとは違うのだ。

中島は、自分の正体を隠し、出発する。地図や人々の生活の様子を克明に記録し、近藤に報告したのだ。もちろん、得意の絵を使っただろう。これを参考にして、近藤は甲州攻めを開始する。中島はふつうの隊士にもどり、参戦したという。

●画家になって、新撰組を伝えた

近藤、土方とともに、各地を転戦して、ついに箱館にやってきた。中島はいままで以上に活躍する。しかし、箱館で降伏して、中島も捕虜となり、青森で謹慎する。さらに箱館にもどされ、5カ月間謹慎する。この5カ月のあいだ、中島は絵筆をとる決意をする。

決心すると、激しい創作意欲が湧いてくる。おびただしいほどの作品を描いた。それは、在りし日の隊士の姿ばかりだった。現存するのは、中島の自画像を含め29枚という。もちろん、新撰組の晩年の人物だが…。しかし、超一流の腕であったことは、絵をみればわかるのだ。晩年、芸術好きの静岡の徳川家にあずけられ、画家として生涯をおくることになる。明治20（１８８７）年50才で亡くなる。

中島　登《のぼり》
ずっと隠密行動をとっていた
調査《スパイ》の仕事
地図や人々のくらしを絵で残した

中島は弔いのために絵を描いた
画家として生涯をおくる
「幕末新選組記念絵巻」
亡き隊士たちの似顔絵など

隊中美男五人衆

70

自慢の美男たちがゾロゾロいたという

●あまり幸せでなかった

「隊中美男五人衆」といわれる人たちがいる。楠小十郎、馬越《まごし》三郎、山野八十八、佐々木愛次郎、馬詰《まづめ》柳太郎だ（『物語』）。5人はそれぞれの道を歩んだが、幸せは薄かった。

●楠小十郎は長州のスパイだった

あるとき、4人の隊士が長州のスパイとして、永倉新八や林信太郎らによって、斬られるという事件があった。そのとき、沖田が「あいつらの仲間がいるかもしれない」と叫ぶと、その声につられて、楠小十郎が逃げだした。そのため、長州のスパイだと、バレてしまう。原田左之助に捕まって、斬られてしまった。楠は「星のような目」の持ち主で、色白で、女のような声をしていたという。少女マンガのような男だ。

●維新後、就職したふたり

馬越三郎は、武田観柳斎にホモ・セクハラを受けた（前述）。維新後、明治20年ごろ、りっぱな商人となって、壬生をおとずれている。きけば、ガラス商人となったという。

山野八十八は、「やまと屋」という水茶屋の女性と恋愛して、子供までつくる。鳥羽伏見のとき、行方知れずになるが、明治40年ごろ、京都にもどる。小学校の用務員になっているという。

●殺された佐々木と逃げた馬詰

佐々木は八百屋の娘あぐりと恋に落ちてしまう。その娘に芹沢鴨は横恋慕して、盗ろうとする。子分に命じて、佐々木に駆け落ちするように仕向ける。その駆け落ち途中で、斬り殺されてしまった。

馬詰は、郷士南部の子守の女の子に手をつけ、子供を生ませてしまう。それがもとで、隊を脱走するという不祥事を演じる。

オレたち美男五人衆
あまり幸せな人生じゃないかも…
美男薄幸ってことですかねぇ…
楠小十郎
長州のスパイとして斬殺された
馬越三郎
武田観柳斎にホモ・セクハラを受ける
山野八十八
水茶屋の女性と恋愛明治40年まで長生き
用務員やってます
馬詰柳太郎
脱走
つかまったら殺される…
佐々木愛次郎
八百屋の娘
横恋慕
芹沢鴨
駆け落ちさせて斬殺

第七章

もっとスターを紹介しよう

第八章
現代人が学ぶ「新撰組の新しさ」

——現代人が参考にしたいことがいっぱい

国際感覚が芽生えていた

幕府のフランス式が影響していた

71

●フランス軍の組織を採用

幕府が、オランダ式からフランス式に代わっていた。新撰組もこれに従った。フランス式の軍事調練を使っていたのだ。小さい部隊が機能的に動き、ひとつひとつに責任者を置く。「伍長」という名称もフランスの軍隊式だ。

●ロケットの研究

新撰組は、大銃隊、小銃隊と、銃撃戦の部隊を装備していた。じつは、新撰組は「ロケット製造の法」というのも研究していたという。

●外国語学習

新撰組では、英語の勉強もしていた。教練は、オランダ式、フランス式を行っていたのだから、かなり国際的だった。篠原泰之進の英語の覚え書きがある（『始末記』）。たとえば…。

○ぐうとないと…こんばんハ
○ぎぶみい…私にくだされ（被下）
○せんきゅう…ありがとう（難有）
○あいらぶきゆう…私あなたをすきです

このテキストを作った篠原は、維新後、敬虔なクリスチャンになり、キリスト教の伝道に励んでいる。

●フランス軍医が治療をしていた

近藤勇は鳥羽伏見の戦いから、江戸に帰った。油小路の変の残党に撃たれたケガが、治っていなかったのだ。新撰組のなじみの医学所が神田にある。

近藤はその医学所にいっていたがよくならない。そこで、横浜の病院にいき、フランス軍医の治療をうけることにした。この病院には、池田七三郎などの隊士が数人、入院している。近藤は入院中の池田らを激励している。新撰組の人々は日本人医師ではなく、わざわざ、フランス人の医師にかかっているのである。

武士とは日本の魂
日本はいいなぁ…
でも軍事教練はフランス式だった
ボンジュール

「組織」の固定概念がない

「組織とはこうあるべきだ」という考えがない

72

●組織に対する柔軟な考え

もともと、「出身の階級」に対する固定概念がなかった。徳川の社会では、「出身の階級」が中心だ。大名や旗本のセガレは強いのだ。新撰組は農業出身者や脱藩者が中心だ。職業も多種多様で、採用したあと、編成していく。

●仕事によっては、組織を無視する

慶応元年、長州下りのときだ。大目付け・永井主水が近藤に同行を命じたことがあった。長州の調査のためだ。

近藤は一緒に行くメンバーを数人選ぶことにした。そのとき、伊東甲子郎、武田観柳斎、他・徒歩1名をピックアップする。伊東は参謀であり、武田は軍師であり、新撰組でも屈指の教養人だ。

1つの隊をつれていくとか、土方などの古参をつれていくのではない。全体の中から、適任者をチョイスしたのである。（『始末記』）

それだけではない。私的に、調役兼監察の数人を同行させ、長州の様子をさらに詳しく調べさせたのだ。

●簡単な組織替え

組織替えを頻繁に行なった。3か月しかたっていないのに、大幅に入れ替えたこともある。終身雇用や年功序列の武家社会ではなく、むしろ、非常にフレキシブルな組織だった。会津で土方歳三が斎藤一と再会したとき、土方は間髪をいれず、組織図を書いている。まるで条件反射だった。

指導者の土方が組織を柔軟に見ている。だから、すぐに組織作りができる。メンバーの増減があったときも、土方はすぐに新しい組織図を作成している。一部の手直しではなく、全部を変えるのだ。組織図を書くことによって、組織全体を掌握できる。組織替えをすることで、隊士の意識にも渇を入れるのだ。

大目付け・永井主水
新撰組に長州にいって調査をしてもらいたい
何番隊を使おうかな…
1番隊
2番隊
3番隊
4番隊
5番隊
決めた！
適任者をバラバラに連れて行こう
参謀／伊東甲子太郎
軍師／武田観柳斎
尾形俊太郎
ひとつの隊をつれていくのではなく組織の中から適任者をチョイスしたんだね

情報部が表向きの組織に

スパイが「悪」ではなくなっている

73

●新撰組は「戦い」より「情報」を得意とした

情報戦が「うしろめたいこと」ではなかった。新選組には、調役兼監察という部署がある。戦国時代の忍者や江戸の隠密などは、非公式な集団だが、調役兼監察は、まったく公式的な部署だ。八月十八日の政変や池田屋事件のあと、長州藩の志士たちは、劣勢に立っている。その長州の志士たちをさがすため、新選組は潜伏先の情報を集めることにした。情報活動は得意だ。

さて、長州藩の志士たちは清水三年坂下の明保野亭に潜んでいることがわかった。武田観柳斎と15名の隊士は、会津藩の応援を得て、明保野亭に急行した。

明保野亭を取り囲むと、いきなり、志士と思われる男が飛び出した。武田が会津の若い藩士・柴司に、「討ち取れ！」と叫んで、槍をかした。柴は槍で男を刺す。すると、なんとその男は土佐藩の藩士だった。

この時代、まだ、土佐藩は幕府や会津と同じ公武合体派で、味方だった。「情報」は「誤報」の可能性もある。これが「明保野《あけぼの》亭事件」と呼ばれる。

●相手のスパイを見破れ！

元治元（１８６４）年、禁門の変が起きる。長州過激派は、八月十八日の政変で都落ちをした公家の、助命嘆願に上京する。久坂玄瑞、真木和泉は軍を天王山に布陣する。それに対し、新撰組は伏見口を固めた。

さて、得意の情報集めだ。調役兼監察の川島勝司に、嵯峨天竜寺方面の状態を調べさせた。じつは、川島は山城出身で、このあたりの情勢に詳しい。池田屋のときも調査しているから、かなり信頼されていた。その間、長州方のスパイを捕縛している。

その後、新撰組は九条川原に陣を移す。そこで、あやしいスイカ売りを見つける。不審に思って、捕まえると、長州のスパイだ。新撰組は、大垣藩の加勢に向かうが、残兵と戦うだけだった。禁門の変での新撰組の働きは、実戦よりむしろ情報戦だった。

戦国時代の諜報《スパイ》活動
忍びの者を呼べ
ハッ　お呼びですか
新撰組の諜報《スパイ》活動
*調役を呼べ
*新選組では調役兼監察が諜報活動を行っている
局長　お呼びですか？
平然と現れた

江戸文化を崩壊した組織作り

江戸文化の象徴「月番制」を壊す

74

●江戸文化の代表は「月番制」

江戸時代、侍の仕事のしかたは、「主人と家来」をひとつの単位として、個々別々に動く。そして、仕事は月ごとに代わる「月番制」だ。たとえば、北町奉行と南町奉行が月交代で働くことは有名だ。自分の仕事や関係ない月は、お構いなしだ。江戸の侍は「官僚的」なのだ。

しかし、新撰組のそれぞれの隊は、「月番制」を使わず、「全軍」がすべて、ひとつの問題に対して行動した（『明治維新』）。「オール・フォー・ワン」「ワン・フォー・オール」の思想だ。

じつは、江戸時代、長屋の仕事、「講」などの宗教行事、無尽という金銭関係、商売屋の仕事など、「月番制」は社会の隅々にあった。仕事は「今月の月番」が行い、たいへんなときは「来月の月番」が手伝う「加番」という制度があった。

新撰組はこの江戸文化そのものを崩壊させたのだ。

●日本文化が見て見ぬふりを生んだ

江戸時代の「月番制」は、ある月はＡの組が当番、次の月はＢの組が当番ということだ。なにか、事件が起きると、その月番の人間が対処する。現代でもありそうだが…。この時代は、月番以外は事件に手を出せないし、上司に進言もできない。つまり、「見て見ぬふり」なのだ。

新撰組の各隊の組長は違う。「副長助勤」といい、いつも副長を助けるのだ。すべて、副長が指揮命令するため、判断に窮することがある。このとき、組長が副長を助ける役目でもあった。助勤は局長会議に参加できたのだ。

「制札事件」という幕府の高札が破壊される事件があった。このときは、近藤勇は、副長助勤（組長）の原田左之助に直接、司令を与えた。副長助勤は上の代理を自由にできるわけだ。

江戸時代には「月番制」があった
今月の月番
南
南町奉行所
見て見ぬふり
北
非番だも～ん
北町奉行所
三方一両損じゃ
事件発生！
ちなみに
大岡越前は南町奉行所▶

新撰組には月番制がない
事件発生！
全員出動～！

規則のもとでの平等主義

75

処罰にも暗黙のルールがあった

●法のもとの平等

新撰組には、「局中法度」や「軍中法度」というきびしい規則がある。これに違反すると処罰された。

「新撰組」は「人斬り集団」と恐れられたが、実は、規則違反で処罰された人間が圧倒的に多い。内部の粛正による死亡が約7割である。

「法」が絶対なのだ。この新撰組の「法のもとの平等主義」は、後の「自由民権運動」につながる。これは、あらゆる階層の人間が参加しているからだ。

●処罰のタイミング

新撰組の処罰には、明確なタイミングがあった。たとえば、瀬山多喜人《たきと》と石川三郎の2名が粛正されたときだ。ふたりは町人の女性と不義密通をしたためという。このふたりの切腹は、隊士募集をした直後に、隊士の人数が異状に増えたときなのだ。

また、勘定方の河合耆三郎が不正のため切腹する事件があった（前述）。このときは、近藤が出張中だった。そのほか、伊東甲子太郎の粛正は、分裂の危機のときだった。

新撰組は、のべつ切腹や粛正をしていたのではない。集中的に行われていた。規則を理解してない隊士が増えたときや、近藤勇が留守で気が緩みがちなときに、多く行われている。また、分裂の危機が起きたときや、組織を引き締めるために行っている。

●女をだますな。だまされろ

処罰は理由もなく、行われることはない。必ず、はっきりとした理由がある。とりわけ「士道にそむくまじ」は厳しかった。近藤は「女をだます」のはいけないが「だまされる」のはいいという。「だます」のは「悪い人間」だが、「だまされる」のは「いい人間」だから、という理由らしい。女性をだますことは武士として情けないのだ。（『知れば、知るほど』）

「女はだますな
だまされろ」
…という規則が
あったらしい
だまして
いる
好きだ
女をだますとは
悪いヤツめ
士道に反する行為

好きよ
だまして
いる
女に
だまされるとは
正直者なり！

金銭感覚の新しさがあった

合理性を追求していた

76

●ワイロは受け取らない

近藤勇は「武士は、金について、ガタガタいってはいけない」と、考えていた。金銭的に卑しいのはいけない、ということだ。ワイロも嫌いだし、金策も嫌いだ。しかし、多くの軍用金を豪商から、受けている。

多くの商家に、軍用金のリストが残っているから、けっして使途不明金（ワイロ）ではないのだ。あるとき、西本願寺の近くで、調練をすることになる。小銃や剣戟など、市民は物騒でたまらない。本願寺は、ワイロをあげて、調練を止めてもらおうとした。しかし、ワイロを受けとらず、調練を止めない。

西本願寺は、会津候に直言して、上から止めさようとしたのだ。この行為に近藤は腹をたてる。近藤は「直接、我われに抗議をしてくれ」といった。近藤も会津候から注意をされたのでは止めざるをえない。ワイロではなく軍用金をもらうことにしたのだ。

●近藤は「使い込み」をしない

金銭出納簿が残っている。

あるとき、近藤は、横浜に出張で行った。そこで、勘定方より50両、「仮払い」をもらい受けた。帰ってきたとき、38両を返金している。「仮払い精算」をしているのだ。

近藤といえば「社長」のようなもの。とくに、江戸時代の「殿様」なら、立場は絶対である。お金は使い放題で、だれにもモンクはいわせない。しかし、「使いきらず」に精算している。たった12両しか使っていない。出張費で、遊興していないのだ。

しかも、勘定方の責任者は、部下の土方歳三なのだ。それから、調役兼監察も調べる。つまり、チェックを部下にさせているわけだ。会計方で、帳簿に穴を開けて、切腹（斬殺）した人も多い。金銭不祥事は本当に「クビ」を斬られたのだ。

出張費の仮払い50両です
勘定方・河合耆三郎
近藤　出張へ
ついでにちょっと女遊びも…
38両残ったから返す
じゃらじゃら
明朗会計
遊びは自腹だ
近藤は出張費で遊ばなかった

日本で初めて、新聞記者が訪れている

77 早い段階に取材を受けていた

●新聞記者が取材にきた

幕末は、まだ、瓦版の時代だった。じょじょに新聞の考えが西洋からもたらされる。福地源一郎（桜痴《おうち》）という人がいる。福地は近代の新聞記者の先がけとなった人物だ。この福地は、維新後、『江湖新聞』という日本初の新聞を出している。新聞記者第1号だ。

幕末のころは福地は幕府通辞方だ。福地は、近藤勇らがいる試衛館に取材に訪れていた。そして、当時のレポートをしているのだ。

●近藤は勉強熱心で、人柄がいい

試衛館は百坪くらいで、全体には粗末な道場だった。道場の中に入った福地は、取材を開始する。10畳ぐらいの道場部分と近藤勇の書斎がある。ほかに、門弟の控え室があった。福地は、あまり狭いので、「女中部屋」とかんちがいしていたらしい。

近藤の書斎には、古今東西の書物があり、有名どころの筆になる書も多数おいてある。机には、頼山陽の『日本外史』が読みかけで、半ビラキになっていたという。「町道場の者は、剣の稽古をしているかもしれないが、ろくに勉強をしていないと思っていた。近藤はまるで違うのだ。ひとり、高く輝いている」と、思ったのだ。

福地は、近藤勇は人物がよく、一旦、なにか引き受けたら、実行しとおす人間だと思った。さっき、女中部屋だと思っていた部屋にいたのは、「食客」とわかる。つまり「居そうろう」だ。沖田総司、永倉新八などが使っていたのだ。

このころ、清河八郎が浪士隊を作り、上洛しようとしていた。福地は近藤に、清河は「ヒトクセありそうだから注意しろ」と、いう。すると、近藤は、「むこう（清河）は知能でくる。それなら、こちらは誠意でいく。いずれが勝つかな？　ハハハッ」と、笑いとばした。（『１００話』）

福地源一郎（桜痴）は新聞記者第1号
維新後『江湖新聞』という日本初の新聞を出している
江湖新聞
試衛館
試衛館に取材に訪れている
福地
居候ばっかりだなぁ
館長の近藤だ
ぞろぞろ
浪士隊に入ろうと思っている
清河八郎はヒトクセありそうだ注意したほうがいいですよ
清河が知能でくるならこちらは誠意でいくよ
ハハハ
この人は大物になるかもしれない…

78 適材適所の発想が、速さをうむ

人の使い方が的確で、しかもすばやい

●新撰組の行動はすばやい

慶応元年のころ、「制札事件」という難問ががあった。禁門の変のあと、幕府が長州の罪状を書いた高札をたてた。ところが、その制札が何者かによって、墨を塗られ、三条の川原に捨られるという事件があったという。何度立てても、だれかに汚されたり、壊れてしまうのだ。

困った奉行所は、犯人捜しを近藤に命じたのだ。近藤は、電光石化のスピードで、事件解決にのりだす。まず10番隊隊長の原田左之助に命じ、緊急配備を取らせる。

隊士2名を浮浪者に化けさせ、斥候として、見張らせる。大勢の隊士が、合図があれば、いっせいに、出動できるように、3班にわけ、酒屋、町会所、町家に待機させる。「人斬り鍬次郎」こと大石鍬次郎なども戦闘要員として使われたのだ。

4日め、数人の人間が制札をこわしにきた。急報で、犯人を取り込み、斬りあいとなる。一味の5名はケガを負いながら、逃走したが、ひとりを捕まえ、奉行所に突き出した。これで、事件は解決したのだ。

命令があると、すぐに行動し、結果をだす。その秘訣は「適材適所」なのだ。（『始末記』）

●使用期間の人間でも実践に使う

斥候になった橋本皆助（会助）は、このとき、まだ「仮同士」だったのだ。つまり使用期間だ。そんな人間をすぐ重要な役につけてしまう。近藤や土方は、かれらの実力を見たかったのだ。

まだ、隊士になっていない人物でも、すぐに使うのだが…。しかし、「仮同士」は「隊士の空き」があっても、なかなか隊士になれなかったようだ。腕も特技もわからない人間は、信用ができない。まず、介錯や剣術試合などをやって、十分に腕を認められないうちは、「仮同士」のままなのだ。

慶応元（1865）年
「制札事件」
三条川原に立てた高札
（長州の罪状を
書いたもの）が
何度も壊されたり
汚されたりした
「仮同士」＝使用期間中
おまえたちは
浮浪者に扮して
見張りをやれ
4日めに
犯人が
捕らえられ
事件は解決
お役目ごくろう
それでは
これから
入隊試験を
行う
えー
まだ
隊士じゃ
なかっ
たの～？

79 集団検診を行っていた

現代に匹敵する大病院のシステム

●医師・松本良順との交流

近藤勇が松本良順という医師を訪ねたことがあった。その松本は西洋医のポンペに師事して、蘭方医を習った人だ。長刀をたばさみ、将軍の侍医になる。松本は近藤に世界の情勢や医学の進歩を説明する。もともと、学問に興味のある近藤は、松本にほれてしまった。

近藤は松本に「京都にくるときは屯所にきてくれ」とお願いしたのだ。

●大広間を病室に改造する

慶応元（１８６５）年に、医者の松本が西本願寺の屯所にやってきた。ところが、松本がくると、多くの隊士が体が悪くて、ゴロゴロ寝ていたのだ。

あまりの、医療状態の悪さにビックリ。そこで、近藤に「病室作り」の指示をしたのだ。

「大きな病室を作り、フトンを並べて、病人を整然と寝かせる。看護卒（看護師）をつけて、患者の寝起きの世話をさせる。医師が回診をして、病状を記録する。病状に合わせて、薬を調合させる。病室には、風呂桶を２、３個おいて、衛生的にする」と、松本は西洋の病院の絵を書いて、説明したのだ。

その２、３時間後、土方歳三が指示通り実行した。松本が見ると、いわれたとおり隊士が整然と寝ていて、風呂桶が３つ、湯気を立てていたという。あまりの速さに松本は驚いたのだ。

●豚を飼い始めた

松本は、隊士の栄養状態が悪いことに気がついた。そこで、松本は近藤に「豚を飼って、この肉を食べさせること」を指示した。このことも、すぐに実行する。屯所は文字通り「トン所」になる。

隊士たちは、豚肉を食べ、栄養状態がよくなる。１か月もたたないうちに、病気やケガがほとんど治った。

松本良順・蘭方医
近藤と親交があった
松本が西本願寺の屯所にやってきたとき…
病人ばかりだなぁ～
ごろごろ
ちゃんと病室を作り病人を寝かせなさい
風呂桶をおいて衛生的にするように
隊士の栄養状態が悪い豚を飼って肉を食べさせなさい
豚を飼うことにした
ブー
これがホントの「トン所」

バラエティのある隊士

多士多才のメンバーたち

80

●特技がいっぱい

武芸の特技のほかにも異能の隊士が多い。漢学に強かった三木三郎、外国語に堪能な篠原泰之進、絵画がうまかった中島登、僧侶の斎藤一諾斎、薬屋の山崎烝、算盤と帳簿が正確な河合耆三郎など、たくさんいた。土方歳三なども才能があった。たとえば、元治元（1864）年に、大坂から実家に、「イラスト入りの年賀状」をだしている。「誠の旗の立てたわが陣地」というイラストだ。こんな年賀状を出す才能もあったのだ。

●百人芸の持ち主

万能選手がいることも見落とせない。毛内《もうない》有《あり》之《の》助《すけ》は、青森津軽の脱藩者だ。かれは、手紙の代筆から、文学や歴史に強く、馬術、槍までこなし、「毛内の百人芸」といわれいた（『始末記』）。しかし、毛内の腕はそれほどでもなく、油小路の変のとき、五体をスタズタに斬り放されて死んでいる。

●有名人の息子

隊士の中に有名人の子供がいる。三浦敬之助だ。本名は、佐久間恪《かく》次《じ》郎《ろう》といい、彼は、洋学と兵学の佐久間象山の伜だ。父・象山が京都三条木屋町で、攘夷派に討たれる。そのため、父の仇討ちを決意する。象山の弟子の山本覚《かく》馬《ま》に、近藤勇あての推薦状を書いてもらい、入隊する。土方も象山とは面識がある。土方は…。

「もし、仇討ちのときは、局をあげて、全面的に協力しよう」といってくれる。

しかし、甘ったれに育ったらしく、だだっ子ようだった。しかも、あまり、腕はよくない。ちょっとしたケンカで、ほかの隊士に切りかかったことがある。ただし、腕が悪く3針縫っただけですんだのだが…。そのうち、脱走してしまった。（『遺聞』）

武芸だけでなく異能の隊士が多い
▼土方はイラスト入りの年賀状を書いている
酒だけじゃないヨ
イラストってほどではないよ…
漢学に強かった三木三郎
イラストレーター中島登
僧侶の斎藤一諾斎
外国語に堪能な篠原泰之進
薬屋の山崎烝
算盤が得意な河合耆三郎

第八章

現代人が学ぶ「新撰組の新しさ」

第九章
新撰組事件簿

——こんな話あんな話。おもしろエピソード

次郎長一家と新撰組とは密接な関係があった

創世期の「浪士隊」で起きた仇討ち事件

81

●五番隊の祐天仙之助は博打打ちの親分

祐天仙之助は、本名・山本仙之助といい、新撰組の前身（浪士隊）の五番隊（のち八番隊）組長だった。この祐天仙之助は、清水の次郎長の兄弟分でもある。れっきとした「博打打ち」だ。「清水の二十八人衆」に数えることもあるが、それはムリだろう。文久3（1863）年の小伝馬町の旗揚げのとき、子分20名をつれて、参加した。しかも、内田佐太郎という用心棒まで連れて来ていたのだ。多くの博打打ちが半纏に股引で集合する中、祐天はビロウドの袴をつけて、黒ちりめんに丸羽織、着物は黄八丈を着て、細身の大小の刀を刺していた。たいへんオシャレな人だった。

●新撰組と次郎長一家

さて、清水一家といえば甲州の争いが有名。次郎長の縄張りをねらうのは、ライバルの黒駒の勝造だ。そして、その兄弟分が、これも次郎長のライバルの武居のドモ安であった。ドモ安には、用心棒として桑原来助がいる。その桑原を、かつて、祐天仙之助が斬ったことがあった。

この桑原には、大村達尾という名のセガレがいる。この大村は、親の仇の祐天が浪士隊に入ったとも知らず、浪士隊に入ってしまった。ところが、ふとしたことで、親の仇の祐天が、同じ浪士隊にいることを知ったのだ。「ぜひとも、親の仇を討ちたい」と、仇討ちの計画を立てるのだった。

●仇討ちを果たすが…

大村は、祐天が遊郭から帰ってくるときをねらって、仲間と仇討ちを果たした。しかし、おさまらないのが、祐天の用心棒の内田だ。内田は大村をあっさりと斬り殺す。このときは、近藤勇はまだまだ下っ端だった。新撰組と甲州の因縁は、このあとも続いた。（『明治維新』）

清水次郎長一家
新撰組との
カンケイとは？
次郎長と兄弟分の
祐天仙之助
子分20名を
引き連れて
浪士隊に
参加いたす
清河八郎
たら～
同じく入隊していた
大村達尾
おのれ祐天
親の仇
次郎長のライバル
「武居のドモ安」の
用心棒だった
大村の父親は
祐天に殺されたのだ
祐天の用心棒
内田佐太郎
親分の仇
キリが
ないねぇ

芹沢鴨が大和屋を焼き討ちにする

82

芹沢鴨の悪漢イメージを定着させた

●大和屋には悪行があった？

大和屋は繊維物を扱う商家だ。海外の貿易の利益を独占するため、生糸を買い占めていた。このため、生糸の価格は暴騰して、庶民の生活にも影響する。

この大和屋の悪行に、狙いを定めた「尊王攘夷派」のテロリストたち（天誅組）は、大和屋に犯行の予告をしたのだ。ビックリした大和屋は、天誅組に軍資金を渡して、「なんとか、穏便にすますように」と、なだめた。

この話を聞いた芹沢は、大和屋をゆする。「天誅組に軍資金をだすなら、こちらにもよこせ」というのだ。

●大和屋に大砲を打ち込んだ？

大和屋は「主人が留守で、わからない」と、ごまかした。これがいけなかった。バカにされた、と思った

芹沢は、隊士35人を連れてきた。おそらく、近藤派以外の隊士はほとんどいただろう。

文久3（1863）年8月12日、午前0時。隊士たちは、大和屋のまわりに集合する。鉢巻をして、タスキをかけ、手に手に刀を持っている。大和屋の土蔵に藁や板を積み上げ、火をつけ始めたのだ。

物語の本には、大砲を打ち込んだとか、火のついた矢を射掛けたという話がある。しかし、これは、話をおもしろくするためだ。

「当屋の主人は、私利私欲に走り、庶民の生活を困窮させた。大犯罪者の所有物を焼き払う」という、立て札までたてる。火消しが出動するが、新撰組が刀をふりまわし、あぶなくて、近付けない。様子を見ていた芹沢は、覆面をして表情はわからないが、高笑いだったろう。

さらに、大和屋のために、迷惑をうけた職人たちが、大和屋を壊し始める。

火事と破壊が丸1日続き、ついに、財産の一切を失うこととなった。

大和屋
繊維を扱う豪商
大和屋
生糸を買い占め
たんまり
もうけていた
軍資金をよこせ
ただ今
主人が
留守で…
ゴニョ
ゴニョ
当屋の主人は
私利私欲に走り
庶民の生活を
困窮させた
大犯罪者の
所有物を
焼き払う
ゆすりに応じない
大和屋に芹沢は報復した
大砲を打って
火のついた矢を射った
どーん
大砲は
フィクション
この悪業が
たたって芹沢は
暗殺される

新「選」組か？　新「撰」組か？

名前にまつわる素朴な疑問 83

●「新選組」と名前を与えられる

新撰組というと、「選」と書くときと、「撰」と書くときがある。いったい、どっちが正しいのだろうか。結論はでないが…。

文久３（１８６３）年、新撰組の初陣「八月十八日の政変」で、その働きに対し、会津藩からおほめのコトバをいただく。その褒美として、「壬生浪士組」は「新選組」と命名されたのだ。と、隊士の島田魁の日記は語る。しかし、これは日記というより、思い出に近いものらしい。正式記録ではない。

●屯所の表札と落書き

そのとき、屯所の表には、２、３人の隊士が「松平肥前守預　新選組宿」と書いた表札をかけたという。この表札は幅1尺（30センチ）長さ3尺（90センチ）で、厚いヒノキの板だった。これも「選」だ。

これをかけると、沖田総司や原田左之助らがガヤガヤ出てきて、シミジミみていたという。さらに、雨戸に近藤勇の落書きがあったという。これも「新選組局長　近藤勇」と書いてある。この落書きは大正時代まで残っていたらしい。ところが、これは、字があまりうまくないので、息子の周平が書いたのではないかとされている。近藤はもっと字のうまい人だった。（『遺聞』）

●会津にある「撰」の文字

会津藩には、天保のころから「撰」を使った「新撰組」という組織があった。公の組織名で、この名前を「壬生浪士組」に与えたものだ。

会津藩の公式文書では、「新撰組」と表記されている。近藤勇自身も両方の字を使っている。永倉新八の『新撰組顛末記』、西村兼文の『新撰組』など、『撰』のついた有名な資料もある。一般書は9割が「選」をつかっている。（『完全制覇』）

新「選」組か？
新「撰」組か？
一般書は9割が「選」
選
撰

屯所の表札
選
松平肥後守御預新選組宿
近藤の戸板の落書き
選
會津 新選組
隊長 近藤勇
▶字がヘタなので息子の周平が書いたと言われている
会津の公式文書
撰
會
会津藩には天保のころから「新撰組」という組織があったこの名を与えたのだ
どっちでもええじゃないか

芹沢鴨が「豪商の愛人」を略奪する

もともと、集金にいった女性だった

84

●羽織は「大丸製品」？

隊旗は「高島屋」に注文した（第2章）。しかし、あのダンダラの羽織はどこに注文したのだろう。あれは、「大丸呉服店」に注文したという噂があるが…。実際は、あの羽織は「菱屋」につくらせたものだという（『100話』）。しかし、菱屋は羽織を納品したものの、代金を払ってもらえない。そこで、菱屋の主人の愛人お梅を代金の取り立てによこした。

●芹沢がお梅に惚れる

お梅はとても美人だった。お梅は菱屋主人・太兵衛の愛人…。といっても、女房同等の扱いを受けていたらしい（『血風録』）。22、3才の口もとのしまったいい女だ。お梅が新撰組に代金の取り立てにきた。「島原のお茶屋で芸者をやっていた」というウワサもあるくらいイキな女で、隊士たちは何かとチョッカイを出している。

とくに、芹沢は無類の好色で、お梅にも手を出す。お梅にとっては、マジメな近藤や土方より、芹沢のほうが魅力的だったらしい。最初はイヤイヤだったが、だんだん自分から通うことになる。それに腹を立てた菱屋は、お梅にヒマをだす。

●いっしょに殺された

島原の角屋で新撰組が宴会をした。芹沢は泥酔して、屯所に先に戻る。屯所には、菱屋のお梅が待っていて、ふたりとも奥の間で寝てしまう。

その夜半のこと。近藤以下3人の隊士が部屋に入ってきた。沖田総司が芹沢に太刀を浴びせ、最終的には土方歳三が斬りすてた。そばにいたお梅もいっしょに斬る。お梅も絶命する。菱屋のほうは、もうヒマを出したのだから、関係ないと思っていた。しかし、新撰組が「死骸を引き取れ」といってきたので、逆らえない。菱屋はシブシブお梅の死骸を引き取ることにした。

トレードマークのダンダラの羽織
「菱屋」製である
代金を取り立てに来たのは
菱屋の主人の愛人「お梅」
まだ代金をいただいておりません…
美人
芹沢といい仲になってしまった
シュミ悪～
芹沢暗殺のとき一緒に殺されてしまう
オレに惚れてれば死ぬことはなかったのにな

桂小五郎（木戸孝允）は池田屋襲撃で逃げた

「逃げの小五郎」というアダ名になった

85

●桂小五郎は逃げまくった

天保4（1833）年、桂は長州の医者のセガレとして生まれる。逃げまくって、命を長らえ、明治の元勲となる。「尊王攘夷派」の桂は命を狙われた。そのため、乞食に身をやつし、恋人の芸者・幾松に、にぎり飯や下着を持ってきてもらっていた。「八月十八日の政変」では、そこから、7人の公家の助命に向かっている。桂は、さらに「おたずね者」としてマークされる。

●池田屋事件には偶然いなかったか…

池田屋事件のとき、桂は長州藩の京都留守居役についている。午後8時ごろが集合時間だ。桂は池田屋に顔をだすと、みんなはまだ来ていなかった。「ちょっと、ほかに顔をだすか」と、対馬藩の別邸に向かった。

その直後。近藤勇の「御用改め」があったのだ。その騒動を知って、行くことができなかったという。ところが、これは「自伝」での話だ。真相は別にあった。

●仲間を捨てて逃げたのか？

この話には裏があった。当時、同じく京都留守居役の乃美織江はこう語った。桂は池田屋の事件の現場にいた。近藤が来たとき、乱闘になる寸前、屋根に出て、屋杜づたいに外に出た。そのまま、仲間を捨てて、逃げたという。

しかし、そのことを非難されることを怖れ、自伝で取り繕ったと考える。どうも、自伝よりこちらの話のほうが、リアリティがある。

ただ、弱かったかというと、それは違う。桂は、永倉新八と同じ神道無念流の達人だ。斎藤弥九郎の道場で塾頭までしている。しかし、ほとんど、剣を抜いて、斬りあったことがない。とにかく、長州征伐で頭角を表わすまで、逃げまくった。（『幕末・維新』）

桂小五郎は長州尊王攘夷派の志士後の木戸孝允《たかよし》
乞食に身をやつして逃げ隠れている
桂様お食事どす
芸者 幾松
池田屋事件のときは現場にいていち早く逃げ延びたという説あり
御用改めでござる
すたこらさっさ
逃げて逃げて逃げまくる
明治政府になって革新的な政治手腕を発揮した
逃げるが勝ちさ
木戸孝允

坂本竜馬暗殺事件は新撰組の仕業か？

竜馬をいつも狙っていたけれど…

86

●坂本竜馬は鞍馬天狗のモデルか？

天保６（１８３５）年、土佐に生まれる。竜馬は土佐勤王党に入り、文久元（１８６１）年に脱藩する。竜馬といえば、海援隊を作り、日本の夜明けのために働いたといわれる。ピストルを持っている姿から、大《お》仏《さらぎ》次郎は『鞍馬天狗』を作り上げたという噂がある。鞍馬天狗も脱藩浪士で、どの藩にも属さない。ピストルを携帯している。しかも、近藤勇とライバルなのに、不思議と気があうのだ。斬りあっても、「また会おう」と、サラリと別れる。

●竜馬暗殺はゴタゴタの中起きた

慶応３（１８６７）年11月15日、竜馬が中岡慎太郎とともに、醤油屋の近江屋の２階で殺される。その３日後、新撰組の参謀・伊東甲子太郎と御陵衛士が、粛正される。これが油小路の変だ。この大事件の前に、竜馬暗殺が起きた。これほどの大事件が３日の間では起きにくい。常識的には、竜馬暗殺は新撰組の仕業ではない。

●原田左之助が犯ったのか？

新撰組は坂本竜馬の命を何度も狙っていた。竜馬を暗殺したのは「新撰組」という噂はたえない。しかしこれには確証がない。遺留品は、現場に残されたゲタと、蝋色の刀のサヤだけだ。ゲタのほうは、前日、新撰組が泊まっていた京都先斗町瓢亭の烙印が押してあったという。

サヤは原田左之助のものらしい。そのため、原田が「坂本竜馬を切った男」といわれている。竜馬が斬られるとき、相手の「コナクソ」という四国のコトバが聞こえたという。原田は伊予松山出身だ。

大石鍬次郎が「私がやりました」といったこともあった…。いまは、京都見廻組がやったとされている。しかし、真相はわからない。

幕末最大のヒーロー
坂本竜馬
第一に朝廷中心の政治を行う…
第二に議会をもうけ公の場で決める…
明治政府の五箇条の御誓文のもととなった「船中八策」は有名
時代の先の先を見越していた
薩長同盟
犬猿の仲だった薩摩藩、長州藩の橋渡しをした
長州　桂小五郎
薩摩　西郷隆盛
天敵新撰組にはずっと命を狙われていた
近江屋で中岡慎太郎とともに暗殺される
現場に原田左之助のサヤが落ちていたやったのは新撰組の原田…といわれたが…
どーだかな…

新撰組が海援隊に襲われる

天満屋騒動が起きる。首謀者の陸奥宗光とは

87

●海援隊の船の沈没が原因だった

紀州の船「明光寺丸」と海援隊の船「伊呂波丸」が激突した事故が起きた。伊呂波丸は沈没する。紀州は多額の弁償金を払わされ、えらく憤慨をした。その直後に竜馬暗殺が起きる。

海援隊は「これは紀州の仕業だ」と考えた。そこで、紀州の公用人・三浦休太郎にねらいを定めたのだ。危険を感じた三浦は、新撰組に警護をたのんだ。

●新撰組が襲撃を受ける

天満屋という店で、新撰組が酒宴をしているときだ。このとき、新撰組は斎藤一、大石鍬次郎など、かなり腕のたつものがいたが…。しかし、彼らはかなり酔っていたようだ。

そこに、海援隊の陸奥陽之助（宗光）が15名の侍ともに、斬りこんできた。中には、居合いの達人・中居庄五郎などがいる。彼らのひとりに新撰組の宮川信吉が斬られた。竹中与市も手首を斬り落とされた。

斎藤一は得意の「突き」で、2、3人をまとめて引き受け、戦ったという。このとき、陸奥も負傷している。

●原田と永倉が駆けつけたが…

急な事件に原田左之助や永倉新八があとから駆けつける。剣の達人の原田と永倉であったが、到着したときには、新撰組のほとんどの隊士がケガをしていた。

乱闘の中で、中居が斬られていて死んだ。海援隊は中居の首を持ち帰ろうとするが、持ち切れず、井戸に投げ込み、逃げていったのだ。

さて、新撰組は斬られて死んだ宮川信吉を供養するため、宮川の故郷の武州多摩に50両送った。この金も「金銭出納帳」に控えがある。首謀者の陸奥は、のちの外務大臣であり、ねらわれた三浦は、のちに国会議員になり東京府知事になっている。

*海援隊の船「伊呂波丸」が紀州の船とぶつかって沈没する
*海援隊は竜馬がつくった商社
伊呂波丸
この事故で紀州の公用人・三浦休太郎が海援隊に狙われた
三浦休太郎
警護してくれ
天満屋事件
三浦かくご
海援隊の陸奥陽之助（宗光）が新撰組を襲撃
双方死傷者を出した
三浦は軽傷
明治政府になって首謀者の陸奥宗光は外務大臣に
狙われた三浦休太郎は東京府知事になっている
因縁だね～

「ぜんざい屋事件」が起きる

88

谷三十郎らが「大坂城乗っ取り」を阻止する

●土佐勤王党の甘い野望とは？

慶応元（１８６５）年、大利鼎吉（おおり・ていきち）などの土佐勤王党は、倒幕を画策して、大坂に潜伏していた。大利の策はこうだ。

「大坂市内に火を放ち、混乱にじょうじて、大坂城を乗っ取る」というものだ。これはかつて、大塩平八郎の使った策だ。土佐勤王党が潜伏していたのは、南瓦町の「ぜんざい屋」だ。ぜんざい屋で、大利らは甘い汁をすすろうとしていたワケだ。

●ぜんざい屋の襲撃を計画する

この場所は、ぜんざい屋というのは建て前で、土佐勤王党のアジトなのだ。彼らの「倒幕計画」の情報が大坂新撰組に入ってきた。密告したのは倉敷の脱藩浪人・谷川辰吉だ。当時、大坂の屯所にいたのは、谷三十郎、万太郎の兄弟だ。三十郎は先手をうって、ぜんざい屋を襲おうと考えた。

そこで、三十郎は自分の槍の道場の門弟である正木直太郎と高野十郎を呼ぶ。ふたりとぜんざい屋襲撃の計画を練る。さらに、三十郎は末弟・周平にも話をした。周平は近藤勇の養子になっている。計画に参加したことで、ハクをつけさせようとした。

●大坂新撰組、緊急出動する！

正月八日。三十郎、万太郎、正木、高野の４人だけでぜんざい屋を襲ったのだ。ところが、土佐勤王党はほとんど留守だった。店に残っていたのは、大利鼎吉と主人だけだった。主人は逃げてしまったが、大利は新撰組と戦う。大利は、三十郎の足と正木の腕にケガを負わせる。しかし、ついに力つきて、斬り殺されたのだ。４人がかりだから、負けるのが、あたり前だ。

事件後、近藤に報告書をおくる。近藤も大坂の警備を重要と考え、あらたに、万太郎を隊長にして、20人の隊士を大坂の屯所に常駐させることとした。

谷三兄弟で～す
じゃーん
おれたちも手柄をたてたい
大坂　ぜんざい屋事件
ぜんざい屋は土佐勤王党のアジトだった
甘味
店にいたのは大利鼎吉《おおりていきち》
新撰組だ
4人がかりで襲うとは卑怯…
それでも怪我をした谷三十郎
事件後大坂屯所をおくことになった
いてて…
ハァハァ

渋沢家の人々とは深い関係があった

89 新撰組が渋沢栄一とケンカする

●渋沢栄一と、斬り合い寸前！

天保11（1840）年、渋沢は武蔵の国の豪農に生まれる。明治になって、初めて銀行を作り、何百という会社を設立した人だ。幕末のころは、尊王攘夷運動をして、新撰組にマークされていた。あるとき、勤王の志士をかくまったため、おしかけた新撰組と、その男の引き渡しをめぐり、口論となった。渋沢が拒んでいたので、新撰組の面々は刀を抜いたのだ。

あやうく斬りあいになる寸前で、男が飛び出してきた。新撰組が「引っ捕えろ！」と、男を追いかけて、渋沢とは斬り合いにならなかったのだ。

●渋沢と協調行動をとる

京都では、渋沢は一橋慶喜に仕えていた。慶応2（1866）年、禁裏御用を勤めている大沢源次郎が、謀反の動きをしている、という情報をつかんだ。クーデターだ。慶喜から渋沢に「大沢を捕まえろ！」という命令がくだった。

渋沢は新撰組に連絡する。土方が隊士を連れて、渋沢のところにやってきた。渋沢は土方といっしょに、大沢がいる大徳寺の宿舎にむかう。大沢は、そのメンバーをみて、あっさりと降参したのだ。

●渋沢の従兄弟が彰義隊を作る

渋沢栄一の従兄弟《いとこ》に、渋沢成一郎（天保9生まれ）がいる。この成一郎も栄一と同じく、武蔵の国に生まれ、一橋慶喜に仕える。成一郎は一橋家の幕臣に呼びかけ、彰義隊を結成して、上野に屯営した。官軍の総攻撃のとき、彰義隊は上野の山に立てこもる。

その彰義隊に、原田左之助が参加したのだ。上野の山で大敗した成一郎は、彰義隊の残党とともに、東北に転戦する。そして、箱館に行く。土方軍に入った成一郎は激戦にたえるが…。戦いに破れ、箱館を脱走する。維新後、栄一とともに産業界で活躍したのだ。

渋沢栄一は
「日本資本主義の父」と
いわれている
明治時代
500以上の会社を創った
新撰組との関係は？
渋沢は勤王の志士を
かくまったことがある
男を引き
渡せ
いうことを
きかないと
斬るぞ
逃げたぞ〜
男が逃げたので
斬り合いにならなかった
このとき渋沢が
殺されていたら
明治の産業界の
発展はなかった
かも…

外国に渡った人々

生き残った隊士と近藤勇の愛妾たち

90

●隊士が一橋大学の基礎をつくる

高木剛次郎という隊士がいる。嘉永元（1847）年に、桑名藩で生まれる。戊辰戦争で、新政府軍に降伏した。そのあと、使者として箱館に向かい、そのまま、箱館軍に合流。箱館新撰組第4分隊に入り、土方のもとで戦う。

箱館の陥落後、弁天台場で謹慎した。しかし、明治3（1870）年に赦免される。そして、一念発起して、アメリカに渡ったのだ。そこで、商法を勉強する。温厚篤実な人で、勉強熱心だった。

帰国後、商法講習所を作る計画に参加した。この商法講習所がのちの一橋大学だ。新撰組の経済的精神が生きているのだ。

●新政府のみなさんはごヒイキです

近藤には、江戸に娘の瓊子《たまこ》がいたが、25才で夭折してしまう。近藤の、正式な子供は瓊子だけだ。この瓊子が死んでしまい、直系の子孫は存在しないことになる。非公式な子供は6、7人いる。

近藤と芸者の「お孝」との間にも、女の子がいた。お孝は、近藤勇の三角関係事件（第3章）で登場した。名前を「お勇《ゆう》」という。顔が近藤勇と「瓜ふたつ」で、美人（?）だとの噂だ。お勇は祇園で舞子になっていたが、行方不明となる。しかし、西南戦争のころ、下関で芸者になり、いちばんの売れっ子になった。このころの新政府の人たち、西郷従道、井上馨、伊藤博文などのヒイキになっている。

母親のお孝はシンガポールにわたった。そこで、千円というお金を作り、帰国し、娘のお勇をさがしだして対面する。お勇のほうは、その後、3人の子供を持ち幸せにくらしたらしい。

近藤から慰謝料をもらった姉・深雪太夫は、上海か香港にわたってしまい、行方知れずになっている。

高木剛次郎
箱館新撰組
土方のもとで戦う
降伏後
明治3年赦免
アメリカに渡り
商法を勉強した
帰国して
一橋大学のもとを
つくった
▲商法講習所

第九章
新撰組事件簿

第十章
新撰組、最後の戦い

——土方歳三がもっとも輝いた時期だった

激動の歴史にホンロウされてしまった

91 「幕臣になりたくない」と死んだ人たち

●「御陵衛士」はあくまで便宜的だった

伊東甲子太郎のところでも語ったように、伊東の目的は「脱隊」だった。脱隊計画は、孝明天皇崩御以前から進行している。「御陵（墓）」のことは、あとでツジツマをあわせたものだ。慶応２（１８６６）年暮れ、天皇は崩御して、計画通り、翌年の3月に伊東は「御陵衛士」を拝命する。そこまでは、よかったが…。その3か月あとの6月のことだ。なんと、近藤勇以下多くの隊士が、幕臣に取り立てられてしまったのだ。

「新撰組イコール佐幕」だ。そこで、伊東は悩む。伊東の心の中には「倒幕」がある。「中途半端な分離では、勤王倒幕派の人々が、自分たちを認めてくれないだろう」と。

●幕臣にならず、御陵衛士にもなれず

さらに、悩んだ人々がいる。茨木司《いばらぎつかさ》、佐野七五三之助《しめのすけ》など、10人だ。茨木は、伊東よりずっと純粋な「尊王思想」を持っている。京都警護という目的だからこそ、新撰組に参加していた。ところが、「幕臣になれ」といわれたのだ。茨木らは伊東のもとに走り、「自分たちも御陵衛士にしてくれ」とたのんだ。伊東は、「そのほうたちを仲間にいれると、勤王倒幕派から、まだ近藤とのつながりがある、と思われる」と、断ってしまった。

茨木は、京都守護職のところにいって、「天皇と幕府と両方に仕えるのは、イヤだ」といったのだ。守護職は近藤に連絡をいれ、処分を保留にした。帰隊もできず、脱隊もできない。

翌日、茨木らは京都守護職邸におもむき、沙汰を待っている。一室で長く待たされていると、フスマから、急に槍が数本飛び出す。さらに、大石鍬次郎ら新撰組が斬りこんできた。もはやこれまで、茨木らは自刃して果てたのであった。その半年後、王政復古の大号令が発せられる。幕臣の意味はまったくなくなった。

1867（慶応3）年 新撰組 幕臣になる
見廻組与頭《みまわりぐみくみがしら》
？？
旗本格であるたいした格ではないが…将軍にお目見えできる
茨木司、佐野七五三之助《しめのすけ》ら10名
幕臣になるつもりはない 御陵衛士《ごりょうえじ》に入れてくれ
ダメだ 今は時期が悪い
会津藩に脱隊の嘆願にいった
沙汰を待て
新撰組が刺客を放ってきた
茨木らは自刃した

近藤勇、狙撃事件が「転落」のはじまり

近藤勇を狙撃した犯人は誰だったのか？

92

●安部十郎は2度も脱隊した男だった

近藤狙撃の犯人、安部十郎について語ろう。安部は、新撰組があまりにも規則をうるさくいうので、池田屋事件の前に脱走していた。その後、高木十郎という名前に変えて、谷三十郎の道場に入り浸っていた。そして、例の「ぜんざい屋事件」（第9章）が起き、襲撃に参加する。その手柄で帰還が許され、再入隊する。ところが、安部は御陵衛士になり、また脱隊するのだった。2度めの脱隊だ。

油小路の変のとき、山狩りに行っており、命が助かる。その安部が、油小路の復讐をしようと、近藤勇の殺害計画を立てたのだ。

●近藤暗殺は未遂におわる

近藤が二条城から伏見に帰るときだ。安部は、仲間の富山弥兵衛と佐原太郎らと、近藤暗殺計画を実行に移すことにした。さらに、隊士の篠原泰之進と加納道之助を誘う。

尾州屋敷の脇に空き家があったので、身を潜めることにした。銃は2丁用意して、安部は、富山に銃で狙撃するように命じる。さらに、安部は篠原と加納に、「近藤が逃げようとしたら、槍で突け！」と、命じる。

いよいよ、近藤が馬で通りかかる。安部が空き家に身を隠そうとしたとき、富山がもう撃ってしまった。「早すぎる！」。しかも、弾は近藤の肩ぐちをかすめ打ち損じである。仕方なく、安部と佐原で近藤に斬りかかった。が、斬り損じてしまう。

こうなれば、篠原と加納がたよりだ。槍で突いてくれればいい、と思った。すると、ふたりは、すでに槍を捨てて逃げてしまっていた。ずさんな計画だった。

しかし、篠原はほんとうに逃げたのか？　篠原は明治の末まで、生きている。日記なども書いているが、「自分が空き家に隠れて、近藤を狙撃した」といっている。

御陵衛士の残党
阿部十郎らの
近藤暗殺計画
阿部十郎
篠原泰之進
油小路のうらみをはらす
伏見に向かう近藤を待ち伏せて銃で狙撃
逃げようとしたら槍でとどめをさすという計画…
ぱーん
カンペキ
えっもう撃っちゃったの
けっきょく撃ち損じた近藤は負傷しながら逃走

鳥羽伏見から下総流山の陣へ

傷ついた隊士たちは江戸に帰ることになる

93

●自分の傷より沖田を気づかう

近藤自身も肩の傷が回復しない。ちょうど、大坂城に、医師の松本良順が滞在している。診察してもらいたい。しかし、近藤としては、新撰組から離れるのは、心苦しい。

「そうだ。沖田総司の病状がかなり悪化しているから、沖田を松本先生に見せよう。そのほうが、沖田の静養にもなるだろう」と、近藤は思いついた。

近藤は指揮を土方にたのみ、沖田を大坂城につれていった。結局、自分のケガより、沖田の病気のことばかり考えていたのだ。

●「坂本竜馬の亡霊」に負けたのか？

慶応4（１８６８）年。いよいよ、長州を中心にした新政府軍と戦うことになった。鳥羽伏見の戦いだ。新撰組は伏見奉行所を敷く。

肩にケガをした近藤のかわりに、土方が指揮をとった。戦闘は永倉新八が土方のかわりにリーダーになっている。新撰組の組織のすばらしさはここにある。つねに、だれかが代役をできるのだ。

新撰組が布陣した伏見奉行所にめがけて、薩摩軍は砲弾の嵐を見舞った。薩摩と幕府はもとは良好な関係であった。しかし、慶応2（１８６６）年に、坂本竜馬の働きにより、薩長連合が成立していた。薩摩は竜馬に「時代の流れは長州にある」と、説かれたからだ。

圧倒的な火器の差によって、鳥羽伏見で新撰組の苦戦が続く。ついに、新撰組は大坂城に逃げ帰った。そして、「大坂城で籠城戦やろう」と決めたのだ。ところが、将軍・徳川慶喜が突然、江戸に帰ってしまった。「いざ戦おう」というときに、将軍がいない。新撰組も「もはやこれまで」と、ふた手にわかれて、江戸に帰ることにする。結局、亡き竜馬の計画に負けてしまったのだ。竜馬は鳥羽伏見の戦いの2か月前に、暗殺されている。

薩長同盟までの歴史的背景

	長州藩	薩摩藩
1858〜62年	吉田松陰　松下村塾 尊王思想　高杉晋作 久坂玄瑞	薩摩藩　島津久光 公武合体派 4　寺田屋事件 攘夷派との内部抗争
1863年	5　下関で外国船を砲撃 6　アメリカ軍に攻撃される 8　8月18日の政変 京都から閉め出される	6〜7　薩英戦争　敗北 その後、武器の輸入などをしイギリスと結びつく
1864年	7　禁門の変 蛤門で薩摩藩、会津藩、桑名藩と戦う	長州藩とは敵対関係
1865年	7　第一次長州征伐 長州軍敗退 8　下関戦争　降伏 イギリス、アメリカ、フランス、オランダの連合艦隊が長州藩を攻撃 高杉晋作の台頭▶奇兵隊	
1866年	1月　薩長同盟 6　第二次長州征伐 7　将軍家茂　病死 12　孝明天皇崩御	

坂本竜馬
長州　桂小五郎
薩摩　西郷隆盛

日本の夜明けを見たかった
倒幕の気運高まる
長州藩は外国と戦争して幕府にもたたかれよく存続できましたね
構造改革をしたんだよ
高杉晋作

甲州勝沼の戦い

勝海舟には悲しき思惑があった

94

●近藤と勝の意見が合ったが…

江戸に帰ってきた近藤は「まだまだ戦いたい」。鳥羽伏見では、近藤はケガをしていてロクに戦場に出ていない。甲州に攻めていきたかった。甲府城に立て籠り、新政府軍の進行を止めたいと思っている。近藤が勝海舟に会い、そのことを話すと、思いのほか勝は賛成した。勝の思惑はふたつあった。

ひとつは「勝は穏やかに政権移譲をしようという恭順派だ。近藤のような危険人物は江戸に置いておきたくない。追い払っておきたい」という考え。

もうひとつは「新撰組の知名度は高い。まだまだ、利用価値がある。適当に暴れまわってもらい、西郷との交渉を有利に展開しよう。こんなに恐いヤツラがまだゴロゴロいる。静かにして欲しかったら、譲歩しろ」というものだ。

●たっぷり飴をなめさせる

勝は近藤に「新政府のヤツラには政治をする力量はござんせんよ。この国はやっぱり幕府でござんすよ」という。江戸弁でタンカをきり、近藤にポンと、軍資金５千両、大砲２門、小銃５百丁を渡したのだ。近藤は、関西弁にウンザリしてたところ、江戸弁とキップのよさを見せつけられ、クラクラときた。土方はリアリストだから、勝のヨイショが嫌いだった。しかし、このときばかりは「勝っていいヤツだあな」と、のってしまった。慶応４（１８６８）年３月１日、勝は新選組を追い払うことに成功する。名前も新撰組から甲陽鎮撫隊と改める。

近藤には夢がある。２か月前には新政府軍から「徳川慶喜追討令」が出ている。新撰組の役目は、慶喜の警護の意味もあった。だから、慶喜の居場所を作りたかった。近藤は甲府城を乗っ取って、ここに慶喜を迎えて、「小幕府」を作りたかったのだ。それが、農民から出発して、旗本になった恩返しだ。

甲府に新しい
幕府を創り
ましょう
軍資金5千両
大砲2門
小銃5百丁を
お渡しします
この国は
やっぱり
幕府で
ござんすよ
勝海舟
勝さんは
キップがいい
新撰組は
甲陽鎮撫隊と改め
甲州攻めに向かう
勝海舟の思惑
❶新撰組のような
危険な組織は
江戸から追い
払っておきたい
❷新撰組の名前を
おどしに使い
西郷との交渉を
有利に展開したい
新撰組が江戸で
あばれたら
大変なことに
なりますヨ
私は恭順派
1868（慶応4）年4月
江戸城無血開城
徳川幕府は滅んだ

甲府から下総流山へ

95 近藤の死と新撰組の崩壊へ

●甲府につく前に負けてしまった

初めから勝負は決まっていた。近藤勇が勝沼に入ったときは、すでに甲府城は新政府軍の手に落ちていた。さらに、新政府軍の板垣（乾）退助は甲陽鎮撫隊を目指し、進軍する。甲陽鎮撫隊と板垣軍とは圧倒的な力の差がある。板垣軍の砲弾の嵐にまるで歯がたたない。

永倉新八は猟師20人を集め、「猟師隊」を作り、戦おうとした。ところが、いざ戦場に出ると、猟師たちは恐れをなし、すぐに相手方に寝返って、新撰組に発砲してきた。剣の達人・永倉もこれには参り、逃げ出してしまった。土方や近藤がいった「援軍が来る」という話も、信用できなった。ついに、新撰組（甲陽鎮撫隊）は敗退する。

●土方はどうしても近藤を見捨てられない

新撰組は江戸に戻るが、すでに、近藤の求心力は失墜していた。前述したように、永倉新八や原田左之助は仲間の数人とともに、新撰組を去る決心をしていたのだ。もはや、近藤は弱気になっている。このままでは戦えない。永倉は、旧知の幕臣・芳賀宜道と靖兵隊を作り、会津に転戦することにした。しかし、土方は近藤を見捨てるわけにいかなかったのだ。

●不思議な隊士募集

土方は近藤を励まし、新たに隊士を入れることにした。土方の魅力はスゴイものがある。そのとき、50人しかいなかった隊士が、２２７人に増えたのだった。

これから、下総流山で、隊士の訓練を行う。いざ、会津に転戦というときだ。この地で、新政府軍の急襲を受けてしまう。このとき、近藤は自害しようと思うが…。土方は、奇策にでる。近藤を自首させて、勝海舟に助命を嘆願しようとしたのだ。勝は近藤をとうに見捨てている。慶応４（１８６８）年4月に、近藤は板橋で処刑された。

甲陽鎮撫隊敗走
近藤は求心力を失う
下総流山
これ以上戦っても勝ち目はない自害したい
こんなところでは死ねない
近藤投降
土方は勝海舟に助命を嘆願
勝は近藤をとうに見捨てていた
1868年4月
近藤斬首刑
こんなことならあの時武士として切腹させてあげればよかった…

宇都宮城の攻城戦

土方が孤軍奮闘して、新たな時代へ

96

●新撰組はたった6人に減っていた

近藤が捕縛され、土方は勝海舟に助命の嘆願をする。しかし、ほとんど無意味だった。その一週間後、江戸城が無血開城になり、近藤の命も絶望的になる。

行き場を失った旧幕府の侍たちは、千葉の鴻の台（現・国府台）に集まった。その数、2千人。そのうち新撰組は、わずか6人だった。しかし、土方は指揮官のひとりに指名されたのだ。旧幕府軍は3軍編成され、日光へ目指し進軍を始める。

●一兵卒を斬り捨てる

旧幕府軍は、途中の宇都宮城を攻めることとなる。江戸城の開城が慶応４（１８６８）年4月11日で、宇都宮城の攻略が19日だ。ちなみに、近藤勇の斬首は4月25日だ。宇都宮攻略の時点では、近藤はかろうじて生きている。

さて、宇都宮城攻撃だ。ここでも、新政府軍の力はものすごいものがある。しかし、この日の旧幕軍は強かった。指揮官が土方だ。土方は陣頭指揮を取り、「進め！　進め！」と、号令をかける。そのとき、ひとりの兵隊が逃げてきた。彼は「相手の攻撃があまりにもすごいので…」という。すると、土方が、一刀をもって、その一兵卒を斬り捨てた。「逃げる者はこうだ！　退却すれば斬る！」と、いったのだ。土方の迫力に驚いた兵隊たちは、命がけで戦ったという。

●「ああするより、仕方なかった」と涙を流す

1日かからず、旧幕府軍は宇都宮城を奪取したのだ。土方は「新撰組・鬼の副長」ぶりを発揮して、大勝利をあげる。しかし、土方はこの戦争で被弾した。数日後、攻略のことを土方は語った。「あの一兵卒はかわいそうなことをした。この金で墓石でもたててくれ」と、土方は涙を溜めていたのだ。土方は泣きながら、遺族あての見舞い金を渡した。

第十章　新撰組、最後の戦い

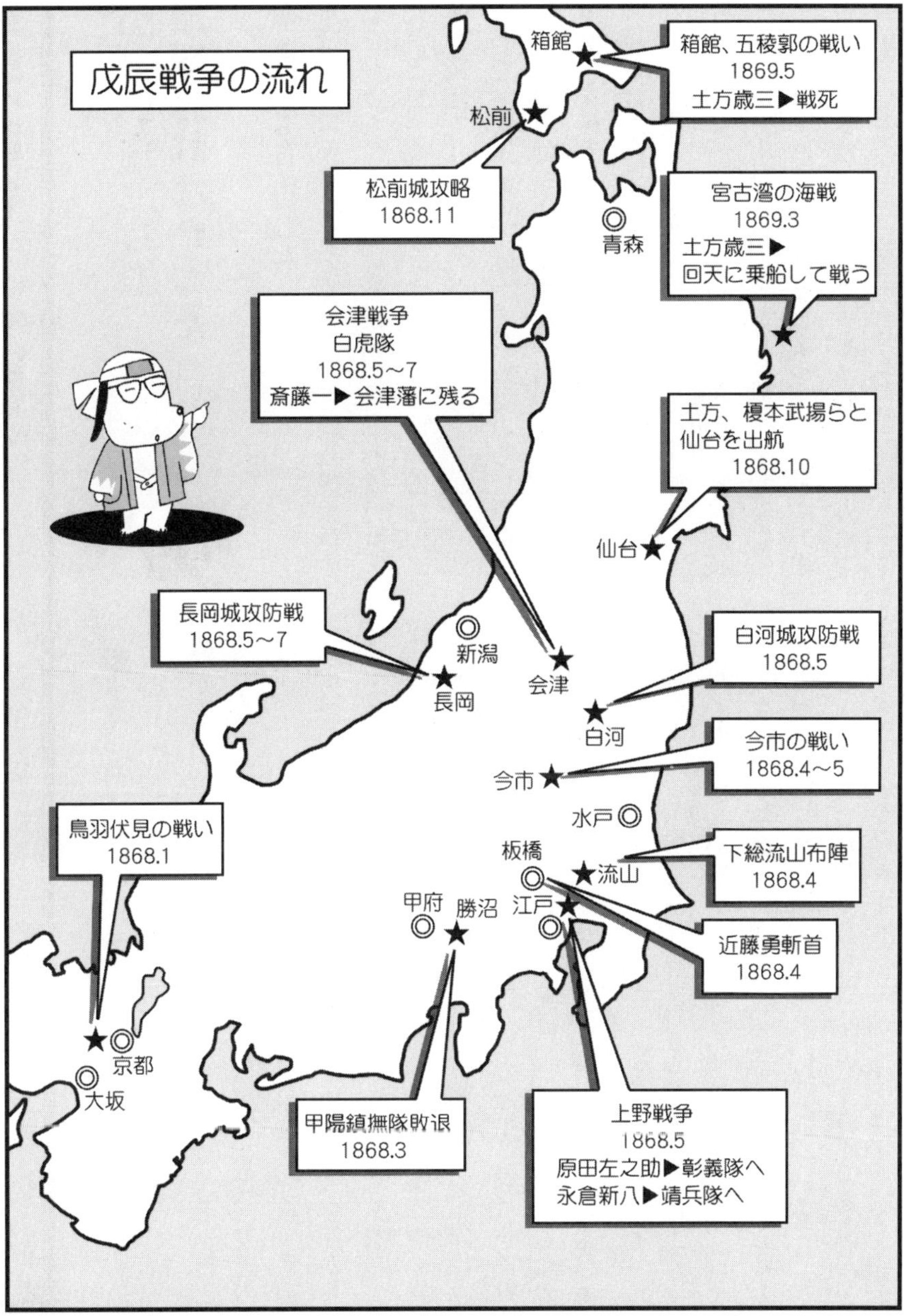

土方の戦いは、結局、報われなかった

97

●新撰組がいきなり現れた

土方軍は会津に転戦していく。会津とは新撰組結成以来の結びつきだ。かつての新撰組のメンバーは6人になった。と思ったら…。とつぜん、斎藤一が山口二郎と名前を変えて、現れたのだ。しかも、下総でバラバラになった「新撰組の本隊」を集めている。斎藤一は本当に思わぬ行動をとる。新規募集の者と合わせると、１００人を越えてしまった。土方は喜んで、新しい「組織編成」を作る。土方自身が、宇都宮で足にケガをしたので、隊長に斎藤（山口二郎）を任命した。

新撰組は、会津の入り口の白河口に出動する。激戦が始まった。はじめは白河口から新政府軍を退けるが、ついに、新政府軍に奪還されてしまった。のちに、如来堂の戦いで生き残った斎藤は会津に残り、土方は箱館にむかう。

●少年「白虎隊」が合流

会津といえば、17才以下の少年で構成された、白虎隊が有名だ。ある日、白虎隊・2番隊の安達藤三郎という少年が、関所の警備をしていた。すると、安達の前を、馬に乗って素通りしようとする男がいる。安達が男を制止させようとするが、男がいうことを聞かない。

安達は男に威嚇射撃を2発撃つ。武士はようやく止まる。武士は引き返し、「私は土方歳三だ。本陣に急いでいた。無視して、すまなかった」と、非礼を詫びたのだ。安達は、ビックリする。「自分が発砲したのが、名高い土方だったのか…」と、今度は、安達がケガの土方を気遣った。

そのあと、土方と白虎隊との親交が深まる。土方は少年たちに歴戦の話をしてあげる。少年たちは、目をうるませて、その話に聞き入っていたという。しかし会津での戦いは、悲劇的な結末に終わってしまった。飯盛山で自刃した少年たちは、この2番隊である。

会津藩主　松平容保《かたもり》
京都守護職につき
終生
孝明天皇と
幕府への
忠誠心を貫いた
会津戦争
1868年
8月～9月
新撰組の残党と
ともに最後まで
新政府軍と
抗戦した
15才以下の少年で
編成された
白虎隊は悲劇的な
最期をとげる
新撰組は会津藩御預かりの組織だった
松平肥後守御預
新選組宿

箱館戦争の意味はなんだったのか？

国のあり方を考えていた 98

●土方は指揮官に選挙で当選する

新撰組のあらたな理想は、「旧幕府勢力」の独立だ。そのためには、新しい時代をどう作るか。土方歳三と榎本武揚は考えていた。

それは、日本に、天皇を頂点とした、アメリカのような「合衆国」を作るというものだ。その合衆国の中に、本州には「薩長の国」、北海道に「蝦夷共和国（箱館政権）」がある。そんな「合衆国」を作ろう、と考えた。

実際に、箱館政権は、榎本武揚が大統領（総裁）になり、「行政機関」を作った。大臣は「奉行」とよばれたが、これは江戸時代のような奉行ではない。選挙によって選ばれていたのだ。土方が箱館で閣僚になったのは、選挙で当選したからだ。しかも、総裁の榎本の倍の獲得数で、トップ当選をしている。それなら、なぜ、土方が総裁にならなかったのか？　ほかの選挙記録によると、選挙は部門ごとに行われたらしい。土方は、実力では群を抜いていたが、人脈で弱かった。そのため、陸軍奉行の部門で3位になり、「陸軍奉行並」になったのだ。

●国際法を利用しろ

箱館政権は「独立」をしたかった。しかし、ただ主張しても、新政府側は認めない。そこで、ある秘策を思いついた。「国際法」を利用して、外国に認めさせるのだ。その方法は、箱館政権による「外国船の臨検」だ。箱館政権の名で外国船の臨検ができれば、外国が、箱館政権を「正式な政府」と認めたことになる。つまり、「独立」したことになる。これが「国際法」の利用なのだ。新政府よりも国際法を知り尽くしている。

のちに、榎本が降伏したとき、「国際法」の策を敵側の黒田清隆に渡し、「これを新政府で役立ててくれ」といっている。

1868年
7月
江戸が東京へ
9月
元号が明治に
10月
明治天皇が
江戸城にはいる
1868年
10月
箱館政権誕生
榎本武揚　総裁に
君も
奉行だな
くく
榎本は選挙で
総裁に選ばれた
土方も閣僚
「陸軍奉行並」に
選ばれている
榎本は日本に
天皇を頂点とした
アメリカのような
「合衆国」を
作りたかった
その合衆国の中に
本州には「薩長の国」
北海道に「蝦夷共和国」
があるのだ
蝦夷
薩長

新撰組の最後

99 箱館で土方が絶命する

●松前城を攻略する

松前城が土方軍の目の前にそびえている。中の城兵は2百人しかいないが、扉を閉めている。この城が新政府軍の蝦夷での唯一の拠点になっている。この城を落として、旧幕軍の勢力を安定させたい。土方軍が攻撃しようとするが、城から大砲を断続的に撃ってくる。大砲を撃っては扉を閉め、扉を開けたかと思ったら、すぐに大砲を撃つ。

そこで、土方は、城兵が大砲を撃つために、扉を開けるわずかな時間に、一斉射撃をすることを命令した。と同時に、裏から場内に斬りこむようにしたのだ。

案の定、大砲を撃つため、扉が開く。その入り口めがけて、撃ちまくった。そして、中へ斬りこむ。ついに、松前城を攻略した。

●宮古沖海戦。戦艦「回天」は激闘する

日本初の海軍同士の本格的戦いがあった。宮古で、旧幕軍は、新政府の新鋭艦「甲鉄」を奪おうと作戦を立てた。それは、旧幕軍の「回天」「蟠龍」「高雄」の三隻で、「甲鉄」に横付けして、乗っ取ろうとした。が、途中で「蟠龍」は行方不明、「高雄」は故障をしてしまう。「回天」は「甲鉄」の機関砲の餌食になってしまった。この「回天」には、土方が乗っていたのだ。

●五稜郭の最後

土方の死については前述した。実際には、土方はよく戦い、宮古湾の海戦以外は、ほとんど負けていなかったのだ。しかし、劣勢はいかんともしがたい。土方はこう考える。「榎本武揚など、まわりの人間は、有能なものが多く、次の時代でも、立派に生きていくだろう。自分は、さむらいとして、死んでいきたい」

土方は、わざわざ敵弾の中に、斬り込んでいったのだった。まさに、新撰組の最後なのだ。

第十章　新撰組、最後の戦い

1869年
4月
新政府軍
蝦夷を攻撃
5月
箱館政権降伏

オレは
新撰組副長だ
土方は最後まで
さむらいだった

新撰組はキラキラと今でも輝きつづける

「まとめ」として。その魅力を考える

100

●武士よりも「武士道」を実践した

幕末になって、武士も堕落していった。ワイロをとったり、歌舞音曲にうつつをぬかしたり。まともな武士は、道場で剣術の稽古をしていたが、いわゆる「竹刀剣術」で役にたたなかったのだ。一方、新撰組は、農民、町人、脱藩浪人が多かったが、その精神は武士道だった。天下国家のため、命がけで戦う姿は美しい。武士といえば、現代でいうところの、ビジネスマンや公務員だ。国、社会、家族のために働く自分たちの姿と、オーバーラップするのだろう。

●団体や群像の魅力がある

最近、ヒットしたファンタジーものや伝奇ものは、多くの登場人物が活躍している。何人かいれば、かならず、その中に、「お気に入り」がいるものだ。かなり以前から、広告業界や芸能界では、多くの人数のアイドルやキャラクターで売り出すことが多い。そうすれば、かならず、その中のひとり（ひとつ）は、「お気に入り」がいるものだ。

新撰組が、近藤、土方、沖田、永倉、原田、藤堂、斎藤など、多くのキャラクターで彩られているため、その中での出会いがある。また、巨漢の島田、画家の中島、僧侶の一諾斎、人斬りの鍬次郎など、レアな人物もおすすめだ。この本の利用法ともいえるのだ。

●「滅びの美学」は日本人好みだ

光あるところに陰がある。竜馬、高杉、吉田松陰など、新しい世の切り開いた「光の人たち」がいる。しかし、その人たちは、陰が濃ければ濃いほど、輝いて見える。逆に光が強ければ強いほど、陰が濃く見える。ほんとうに光が強くなったとき、陰は消えていかなければいけない。

幕末という時代の渦に巻き込まれ、新撰組は、歴史の中で、悲しく、美しく散っていたのだ。

時代の流れに
翻弄されながらも
武士道精神を貫いた
新撰組の姿は
現代でも輝き続けている

◎文久3（1863）年	
2月4日	浪士隊、江戸・小石川伝通院に集合する
3月12日	芹沢ら残留組、会津藩お預かりになり、壬生浪士組となのる
6月3日	力士と乱闘する
8月12日	芹沢ら大和屋を焼き打ち
8月18日	御所で政変が起こり、初出動
8月25日	「新撰組」になる
9月18日	芹沢が暗殺される
◎元治元（1864）年	
6月5日	池田屋事件
7月19日	蛤御門の変。新撰組も出動
10月27日	伊東甲子太郎ら入隊
◎慶応元（1865）年	
1月8日	谷三十郎らが「ぜんざい屋」を襲撃
2月23日	山南敬助が切腹
3月10日	西本願寺に屯所を移す。演習騒ぎ
4月27日	新撰組が新編成になる
11月4日	近藤が伊東甲子太郎らと長州視察
◎慶応2（1866）年	
1月21日	薩長同盟成立
9月12日	制札が壊される事件が起きる
12月25日	孝明天皇崩御
◎慶応3（1867）年	
3月10日	伊東らが御陵衛士を拝命する
6月10日	新撰組、幕臣に取り立てられる
10月14日	大政奉還
11月15日	坂本竜馬が暗殺される
11月18日	御陵衛士が暗殺される（油小路の変）
12月7日	海援隊に襲われる（天満屋事件）
12月9日	王政復古の大号令
12月18日	近藤、狙撃事件
◎慶応4（1868）年	
1月3日	鳥羽伏見の戦い

1月6日	徳川慶喜が大坂を脱出する
3月1日	甲陽鎮撫隊が甲府に出発
3月6日	甲陽鎮撫隊、江戸に敗退する
4月2日	新撰組が下総流山に布陣する
4月19日	土方が宇都宮城を攻略
4月25日	近藤、斬首
5月30日	沖田総司、病死
8月21日	会津戦争
◎明治元（1868）年に改元	
9月20日	仙台で隊士募集
10月26日	五稜郭、入城
11月5日	土方軍、松前攻略
◎明治2（1869）年	
3月25日	宮古湾の海戦
5月11日	土方、戦死
5月18日	五稜郭、降伏する

●参考文献

◎『新選組組長列伝』（新人物往来社）
◎『血誠新撰組』（学研）
◎『新選組始末記』（子母澤寛・中公文庫）
◎『新選組物語』（子母澤寛・中公文庫）
◎『新選組遺聞』（子母澤寛・中公文庫）
◎『新選組事件帖』（佐木隆三・文春文庫）
◎『その時歴史が動いた』（NHKテレビ）
◎『清水の次郎長の明治維新』（平岡正明・光文社）
◎『爆笑新選組』（シブサワ・コウ・編・光栄）
◎『新選組知れば知るほど』（松浦玲監修・実業之日本社）
◎『幕末・維新おもしろ事典』（奈良本辰也監修・三笠書房）
◎『新選組血風録』（司馬遼太郎・角川文庫）
◎『新選組写真集』（新人物往来社）
◎『コンパクト版新選組事典』（新人物往来社）全編にわたり参考にする。人名に関する年号・表記はこの本に準ずる。
◎『完全制覇・新選組』（山村竜也・立風書房）

※文中引用の箇所は略称を記した
※新撰組の記録には、資料によって人数や名前に違いがある。明治になって、名簿や行軍録から、あとで書き加えたものが多いためらしい。

■著者
津田　太愚（つだ　たいぐ）

パワーコミュニケーション研究所所長。作家。

上智大学卒。専門はドイツ哲学（カント『純粋理性批判』）。在学中より、神秘学、神話学、宗教学、心理学、哲学、民俗学を学ぶ。歴史、民間伝承、占い、人間関係、人生論、心理を楽しく、わかりやすく書くことをモットーとしている。

著書・『エゴグラム入門』イーストプレス／『心ゆくまで死を愉しむ本』フットワーク出版／『ココロハレバレ』日本経済通信社／『瞬間トランス話法』日本経済通信社／『気疲れしない生き方』実務教育出版／『366日おもしろ雑学』実務教育出版／『糖尿病とつきあう逆転発想法』曜曜社／『幸せ結婚占い』蒼馬社／『催眠コミュニケーション』ウィーグルなど。

■マンガ
つだ　ゆみ

愛媛県出身。広島大学文学部卒。

90年、4コママンガデビュー。政治、経済ネタのマンガ、似顔絵が得意分野。

朝日新聞経済欄でマンガ連載（01～02年）。

単行本『論語のことがマンガで3時間でマスターできる本』明日香出版社『日本経済と金融のしくみ』日本文芸社『歴史人物占い』たちばな出版（イラスト担当）

ご意見をお寄せください

ご愛読いただきありがとうございました。本書の読後感･ご意見等を愛読者カードにてお寄せください。今後の出版に反映させていただきます。

編集部☎（03）5395-7651

新撰組《しんせんぐみ》のことがマンガで３時間《じかん》でわかる本《ほん》

2003年9月30日　初版発行

著　者　津《つ》田《だ》太《たい》愚《ぐ》
発行者　石野誠一

〒112-0005　東京都文京区水道2-11-5
電話(03)5395-7650（代表）
(03)5395-7654（FAX）
振替00150-6-183481
http://www.asuka-g.co.jp

明日香出版社

■スタッフ■**編集**　早川朋子／藤田知子／小野田幸子／小早川幸一郎／金本智恵／末吉喜美／古川創一　**営業**　小林勝／北岡慎司／浜田充弘／渡辺久夫／奥本達哉／平戸基之
総務経理　石野栄一

印刷　美研プリンティング株式会社
製本　根本製本株式会社
ISBN 4-7569-0689-3　C2021

編集担当　末吉喜美